专业训练

高素质专业化干部队伍建设

思想淬炼 / 政治历练 / 实践锻炼 / 专业训练

之四

主 编 / 谢金峰

重庆大学出版社

图书在版编目（CIP）数据

高素质专业化干部队伍建设之四：专业训练 / 谢金峰主编.--重庆：重庆大学出版社，2021.7
ISBN 978-7-5689-2833-5

Ⅰ.①高… Ⅱ.①谢… Ⅲ.①中国共产党—干部培养—研究 Ⅳ.①D262.3

中国版本图书馆CIP数据核字（2021）第127391号

高素质专业化干部队伍建设之四——专业训练

GAOSUZHI ZHUANYEHUA GANBU DUIWU JIANSHE ZHI SI—ZHUANYE XUNLIAN

主　编　谢金峰
副主编　尹　博　陈廷平
策划编辑：许　璐
责任编辑：张红梅　黄菊香　　版式设计：许　璐
责任校对：邹　忌　　　　　　责任印制：张　策

*

重庆大学出版社出版发行
出版人：饶帮华
社址：重庆市沙坪坝区大学城西路21号
邮编：401331
电话：（023）88617190　88617185（中小学）
传真：（023）88617186　88617166
网址：http://www.cqup.com.cn
邮箱：fxk@cqup.com.cn（营销中心）
全国新华书店经销
重庆市国丰印务有限责任公司印刷

*

开本：720mm×1020mm　1/16　印张：12　字数：132千　插页：16开2页
2021年7月第1版　　2021年7月第1次印刷
ISBN 978-7-5689-2833-5　定价：58.00元

编委会

主编

谢金峰

副主编

尹 博 陈廷平

本册编撰人员

方 旭 杨 潇 李文豪

张玄益 龙登杰 陈廷平

李京蔓 张述龙 晏礼堂

总　序

习近平总书记在 2020 年秋季学期中央党校（国家行政学院）中青年干部培训班开班式上强调指出，面对复杂形势和艰巨任务，干部特别是年轻干部要提高政治能力、调查研究能力、科学决策能力、改革攻坚能力、应急处突能力、群众工作能力、抓落实能力，各级党组织要有针对性地加强对年轻干部的思想淬炼、政治历练、实践锻炼、专业训练，帮助他们提高解决实际问题能力，让他们更好肩负起新时代的职责和使命。

加强思想淬炼、政治历练、实践锻炼、专业训练，是新时代提升干部素质能力的重要载体，也是新时代干部不断增强"四个意识"、坚定"四个自信"、做到"两个维护"的必然要求。从干部教育培训的目标要求和内在规律看，思想淬炼、政治历练、实践锻炼、专业训练是互相联系、内在贯通的有机整体。思想淬炼和政治历练侧重精神层面、理论层面，实践锻炼和专业训练则侧重物质层面、现实层面。思想淬炼、政治历练是实践锻炼、专业训练的先导，而实践锻炼、专业训练是思想淬炼、政治历练的落实。

思想淬炼重在学懂弄通做实习近平新时代中国特色社会主义思想，并以此指引方向、筑牢根基，是培养造就高素质专业化干部队伍的基础前提；政治历练重在任何时候都要善于用政治眼光看问题，并以此明辨是非、坚定立场，是培养造就高素质专业化干部队伍的根本保证；实践锻炼重在提升抓落实的能力和增强抓落实的效果，并以此体现担当、展现作为，是培养造就高素质专业化干部队伍的现实要求；专业训练重在从干事创业中增强过硬本领，并以此历练才干、磨砺意志，是培养造就高素质专业化干部队伍的时代需要。

加强思想淬炼是对干部在理论修养和理想信念方面提出的要求。干部首要的就是要具有坚定的共产主义理想、高超的马克思主义理论水平，能够掌握辩证唯物主义和历史唯物主义，掌握贯穿其中的马克思主义立场观点方法，掌握中国化的马克思主义，做马克思主义的坚定信仰者、忠实实践者，夯实信仰之基，筑牢思想之魂，解决好世界观、人生观、价值观"总开关"问题。加强思想淬炼，根本的是学懂弄通做实习近平新时代中国特色社会主义思想。

加强政治历练是对干部在政治能力和政治方向上提出的要求。在干好工作所需的各种能力中，政治能力是第一位的。提高政治能力，首先要把握正确政治方向，坚持中国共产党领导和我国社会主义制度。要不断提高政治敏锐性和政治鉴别力，观察分析形势首先要把握政治因素，特别是要能够透过现象看本质，做到眼睛亮、见事早、行动快。提高政治能力必须对党的政治纪律和政治规矩怀有敬畏之心，增强政治自制力，始终做政治上的"明白人""老实人"。加强政治历练，根本的是增强"四个意识"、坚定"四个自信"、做到"两个维护"。

加强实践锻炼是对干部提高落实能力的基本要求。干事业必须脚踏实地，抓工作落实要以上率下、真抓实干。重点是推动干部在贯彻落实习近平总书记重要讲话、重要指示批示精神和党中央决策部署的生动实践中，在贯彻落实新发展理念、构建新发展格局等现实"课堂"中，在全面做好改革发展稳定的各项工作中，在坚持全面从严治党、推进党风廉政建设和反腐败斗争中，经风雨、见世面、壮筋骨、长才干。

加强专业训练是对干部在解决实际问题能力方面提出的要求。提高解决实际问题能力是应对当前复杂形势、完成艰巨任务的迫切需要，也是年轻干部成长的必然要求。面对复杂形势和艰巨任务，干部要全面提升专业知识、专业能力、专业作风、专业精神，提升制度执行力和治理能力，提升抓落实能力，使干部特别是领导干部尽快适应新形势、新任务、新要求，善于从党和国家工作全局谋划和推进所主管地方、所分管领域和部门、所从事的具体工作，善于把党中央决策部署转化为本地区本部门、本单位的具体任务，善于在从宏观到微观、从抽象到具体的过程中打开工作局面、确保见到实效。

当今世界正经历百年未有之大变局，我国正处于实现中华民族伟大复兴的关键时期，国际环境日趋复杂，不稳定性、不确定性明显增强。只有加强思想淬炼、政治历练、实践锻炼、专业训练，教育引导广大干部清醒认识我国发展仍然处于重要战略机遇期，以及机遇和挑战出现的新的发展变化，才能帮助广大干部妥善做好应对各种困难挑战的准备，真正做到抓住机遇，应对挑战，趋利避害，奋勇前进，在危机中育先机、于变局中开新局。只有加强思想淬炼、政治历练、实践锻炼、专业训练，教育引导广大干部深刻认识我国社会主要矛盾发展变化带来的新特征、新要求，才能帮助广大干部胸怀"两个大局"，把握发展规律，发扬斗争精神，推动形成以国内大循环为主体、国内国际双循环相互促进的新发展格局，在实现第二个百年奋斗目标和中华民族伟大复兴中国梦的新征程上作出更大贡献。

长期以来，中共重庆市委党校（重庆行政学院）全面贯彻落实习近平新时代中国特色社会主义思想，及时推进习近平总书记最新讲话精神、党的创新理论进教材、进课堂、进头脑，不断增强干部的政治判断力、政治领悟力、政治执行力。在中国共产党成立 100 周年之际，我们组织专家学者围绕加强思想淬炼、政治历练、实践锻炼、专业训练的创新做法和实践经验进行提炼和归纳，编撰了四本干部教育培训教材。其目的一方面是系统总结全市党校系统干部教育培训工作的新探索新举措新实践，向党的百年华诞献礼；另一方面是根据新形势的需要开发干部教育培训新教材，帮助广大干部坚定理想信念，增强"四个意识"、坚定"四个自信"、做到"两个维护"，用习近平新时代中国特色社会主义思想武装头脑、指导实践、推动工作。

在本套教材撰写的过程中，我们吸收了国内外专家学者的相关研究成果，在此一并表示感谢，同时敬请广大专家学者批评指正。

目　录

引　言

　　"为政之要，惟在得人。""济济多士，乃成大业；人才蔚起，国运方兴。"党的干部是党和国家事业的中坚力量，夺取新时代中国特色社会主义伟大胜利、实现中华民族伟大复兴的中国梦，离不开一支实干担当、专业敬业的干部队伍。同时，党和国家事业越发展，对领导干部的能力要求必然越高。党的十九大报告明确指出，建设高素质专业化干部队伍要"注重培养专业能力、专业精神，增强干部队伍适应新时代中国特色社会主义发展要求的能力"。

　　中国特色社会主义进入新时代，新时代意味着新起点新担当，呼唤着新气象新作为。领导干部，尤其是年轻干部要做到敢于担当，不仅要有敢担当的勇气和定力，更要有担得起的底气和能力。当下，世界正经历新一轮大发展大变革大调整，大国战略博弈全面加剧，国际体系和国际秩序深度调整，人类文明发展面临的新机遇新挑战层出不穷，不确定不稳定因素明显增多。习近平总书记指出："当前中国处于近代以来最好的发展时期，世界处于百年未有之大变局，两者同步交织、相互激荡。"此外，知识更新周期不断缩短，经济社会发展日新月异，科技革命飞速发展，分工越来越细，专业化程度越来越高，新知识新事物新情况层出不穷，新风险新挑战新问题纷繁复杂。与党和国家事业发展的新形势新要求相比，部分领导干部本领上的短板、能力上的不足、知识上的弱项、视野上的局限，越来越突出地表现出来。

专业训练是干部做好工作提升能力的重要途径，通过加强四个专业、增强七种能力，促进领导干部想干事、能干事、干成事。强化专业训练为提升干部队伍能力素质提供了坚强保障，为不断提高党的执政能力和执政水平指明了方向。按专业化要求造就一支忠诚干净担当的高素质干部队伍，这是习近平新时代中国特色社会主义思想的重要内容，也是从党和国家事业发展全局出发，对各级党的干部提出的新要求。加强干部专业训练，提升干部专业素养，有利于增强干部队伍适应新时代中国特色社会主义发展要求的能力。

重庆市大胆探索、积极实践，引导和帮助干部丰富专业知识、提升专业能力、锤炼专业作风、培育专业精神，不断提升专业训练实效，让领导干部也兼具专家的视野、思维和技能。中共重庆市委党校系统坚持目标导向、问题导向、需求导向、效果导向，通过强化专业训练的师资培养、教学设计、课程打造、基地建设等，不断夯实专业训练的硬件基础和软件设施，有效增强了专业训练的系统性、针对性、实效性。各区县党校立足本地干部教育实际，找准发展定位，抓好资源整合，形成了各具特色的专业训练模式，为干部专业训练增添了新动力。此外，全市积极打造专业训练的现场教学基地，形成星罗棋布、功能各异、特色十足的现场教学基地系统布局，为干部专业训练提供了练兵基地，全市干部专业训练整体水平迈上新台阶。

第一章

专业训练的概要论述

党的十九大报告提出："建设高素质专业化干部队伍。党的干部是党和国家事业的中坚力量。"这是向全党和全社会发出的"全面增强执政本领"的动员令，是新时代党和国家事业对干部队伍建设的新要求，为干部培训工作提供了基本遵循。推进新时代中国特色社会主义伟大事业，干部是决定因素。组织部门要以推进伟大事业为鲜明导向，着力建设高素质专业化干部队伍，大力推进干部队伍高质量发展。为贯彻落实这一重大任务，进一步提高干部专业化水平，需要加强专业训练，使广大干部政治素养、理论水平、专业能力、实践本领跟上时代发展步伐。

一、专业训练的基本内涵

党的十九届五中全会把高质量发展确定为"十四五"时期经济社会发展的主题，要求提高党领导高质量发展的水平，增强干部推动高质量发展的本领，将其作为我们党必须履行好的重大政治责任。习近平在 2020 年 12 月召开的中央经济工作会议上再次强调"各级领导干部要提高专业化能力，努力成为领导构建新发展格局的行家里手"。深刻领会习近平关于干部专业化问题的重要论述，把握干部专业训练的发展脉络与基本规律，必须对专业训练的基本内涵作出全面分析和把握。

（一）概念阐释

"专业"是一个历史悠久且具有丰富文化内涵的概念。"专业"（Profession）一词由拉丁语演化而来，本义为"公开地表达自己的观点"。社会学家卡尔·桑德斯对"专业"进行了较早的系统研究，他认为："所谓专业，是指一群人在从事一种需要专门技术的职业，专业是一种需要特殊智力来培养和完成的职业，其目的在于提供专门性的服务。"[1]"专业"一词在中国古代文献典籍中早已出现，如《后汉书·献帝纪》记载"今耆儒年逾六十，去离本土，营求粮资，不得专业"。此处"专业"主要是指研究某种学业或从事某种事业。

"专业"一词在现代汉语语境中，主要有三种解释。一是从广义而言，"专业"是指某种职业不同于其他职业的一些特定的劳动特点。二是从狭义而言，"专业"是指某些特定的社会职业，这些社会职业从业人员从事着专门化程度较高，较为复杂、高级的脑力劳动。一般人通常理解的专业，大多就是指这类特定的职业，如教师、医生、工程师、律师等均是知识含量较高的特殊职业。三是从特定意义而言，"专业"是指高等学校或中等专业学校根据社会分工需要而划分出的学业门类。本书所论述的干部专业训练，主要是指广义层面的"专业"。"训"字本义为教育、教导，也可指法则、练习等。"练"字本义是指把丝织品沤煮得发软发白，也指深刻地改变、考验。综合而言，

---

[1]　罗文浪，戴贞明，邹荣，等.现代教育技术［M］.北京：北京理工大学出版社，2015：147.

"训练"是指培训实施方有目的、有计划、有步骤地通过某种经历、过程，使受训者发生身心反应，进而改变受训者素质、能力的活动。

本书认为，专业训练是一种特殊的干部教育培训活动，是通过对干部进行系统性、针对性、复合性的训练，促使干部形成与其岗位职责要求相适应的专业知识、工作能力与素质。一般来说，从主体维度看，干部专业训练是指对干部群体按照一定的专业标准进行专门化的训练或教育，来增强其与领导职务相匹配的素质和能力。从客体维度看，干部专业训练是指干部领导活动的专门化培养方式或环节。

（二）理论基础

加强领导干部专业训练，是中国共产党人在长期革命建设改革实践过程中总结出来的重要经验，是马克思主义理论丰富思想资源对干部队伍建设作出的实践探索。从马克思、恩格斯的社会分工理论中可以找到专业训练的学脉渊源和思想基础，由于历史条件限制，马克思、恩格斯在社会分工理论中没有明确提出专业训练这样的词汇和概念，但在《德意志意识形态》《哲学的贫困》《资本论》等经典著作中蕴含了一系列有关劳动专业化的思想，其社会分工理论历久弥新。

马克思主义关于分工与生产力、分工与人的发展的论述是专业训练的直接理论来源。其一，分工与生产力。社会分工既是生产力发展的前提，又是生产力发展的必然结果。生产力发展水平对社会分工具有决定性作用，分工是一种重要的社会现象。马克思认为："一个民族的生产力发展的水平，最明显地表现于该民族分工的发展程度。任何新的生产力，只要它不是迄今已知的生产力单纯的量的扩大（例如，开垦土地），都会引起分工的进一步发展。"[1]这充分表明：一方面，社会分工的形式展现了社会生产力的发展状况；另一方面，生产力的发展必然引起新的社会分工。资本主义工业化进程推进了社会生产力的发展，人类社会在自然分工的基础上演变出细致入微的社会分工模式，随着社会分工逐渐细化，社会生产部门开始出现。社会分工是人类群体在从事各种社会劳动过程中的相关社会划分及其划分过程中劳动主体独立化、专业化的表现。随着生产力不断提高，生产规模不断扩大，社会事务日趋复杂，领导活动也相应专业化和复杂化，逐渐从其他社会活动领域中分化出来。作为一种具备特定职能职责的社会职业，其演化经历了从非职业到职业、从一般职业到专业化的发展过程。在社会分工意义上，干部这一特定社会职业已经成为一种代表着知识和技术含量更高的社会化专业劳动。

其二，分工与人的发展。分工会促进人的发展。一方面，社会分工会促使个体提高自身的专门知识和技能。马克思、恩格斯认为分工出现之后，每个个体都有属于自己的特定的活动范围，且个体的劳动更加专业化和固定化。个人的能力有限，任何个体都无法同时涉足多个劳动空间，分工将每个个体划定在相对稳定的活动范围，个体在其活动范围内获取专业化的知识和技能。另一方面，分工促使人与人之间的联系更密切。"由

---

[1] 中共中央马克思恩格斯列宁斯大林著作编译局.马克思恩格斯文集：第一卷［M］.北京：人民出版社，2009：520.

于分工使每个个体具有专门的知识、技能和技巧，创造出专门的产品，而所有这些个体组成的人类总体，则具有多方面的知识、技能和技巧，可以生产出多种多样的产品。"[1] 随着分工的发展，人与人之间距离缩短，联系更加密切，这种密切关系有利于满足每个个体的多样化需求。

（三）主要特点

专业训练是全面的、系统的、复合的：既要注意拓展学习领域，也要抓住专业训练的针对性；既要向理论学习，又要向实践学习。我们党领导人民干革命、搞建设、抓改革，都是为了解决我国的实际问题。领导干部加强专业训练，根本目的是增强工作本领、提高解决实际问题的水平。这是应对复杂形势、完成艰巨任务的迫切需要，也是干部成长的必然要求。专业训练具有系统性、针对性、复合性的特点。

1. 系统性

专业训练是由各个要素组成的一个有机整体，其作为特定的功能系统，由专业知识、专业能力、专业作风、专业精神四要素依据一定的秩序和内部联系相互作用而生成。

其一，专业训练是一个整体性的实践活动。一般而言，训练实施者处于主导地位，受训对象处于受动地位。训练实施者需要设计训练目标、训练方法，评估训练效果等，受训对象只是接受训练实施者的安排。这样的区分较为明显，但也是相对的。训练实施者需要按照受训对象的实际需要，特别是受训对象的现实表现评估训练效果，来进一步完善训练目标、训练方法等。

---

[1] 赵家祥. 从分工的社会作用揭示分工的本质 [J]. 河北学刊，1990（2）：7-13.

这就决定了训练实施者需要充分发挥受训对象的主体作用，进而保障训练目标的完成，达到预期的训练效果。在整个训练过程中，训练实施者与受训对象作为一个密不可分的整体而存在。

其二，专业训练各构成要素之间存在内部关联。专业训练各要素是一个集合体，专业训练需要综合发挥各要素的积极作用，实现各要素的系统集成。专业知识、专业能力、专业作风、专业精神四要素共处于专业训练整体系统内，各要素相互作用、相互影响，无论哪种要素都不能离开专业训练系统而单独产生作用。第一，学习专业知识是前提。专业知识能为解决实际问题的能力搭建系统的知识框架，因此是增强专业能力、培养专业作风、塑造专业精神的前提。第二，增强专业能力是本质要求。专业能力是学习专业知识、培养专业作风、塑造专业精神效果的集中体现。第三，培养专业作风是根本保障。专业作风决定着专业知识、专业能力、专业精神运用发挥的效果。第四，塑造专业精神是直接动力。专业精神使专业能力在精神层面得以升华，为学习专业知识、增强专业能力、培养专业作风提供动力源泉。归根到底，构成专业训练的四要素中任何一个要素的发展变化都依赖于其他要素，由此要从某个要素与其他要素的关系中看其对干部专业训练的作用。

2. 针对性

专业训练的针对性是指根据干部的个人特点以及岗位需求等客观条件，合理确定专业训练的内容、方法、手段，使之符合实际需要。专业训练是一个系统工程，既要系统全面，更要精准发力。只有系统内部实现组合优化，处理好共性与个性之间的辩证关系，才能最终实现专业训练精准化。要想解决好专业训练精准化问题，就要依据各级干部的具体情况，以问题为导向，制订具体的培训方案。

其一，加强精准化的理论培训。一方面，各级党校、学校等干部培训渠道，要针对干部在能力素质方面的短板弱项，开展精准化培训，进一步增强教育培训的针对性、实效性和精准性，提升培训实力和培训能力。让干部学习新知识、新经验、新信息，增加兴奋点、消除困惑点，帮助他们成长为本职工作的行家里手。另一方面，干部个人"要紧密结合新时代新实践，紧密结合思想和工作实际，有针对性地重点学习，多思多想、学深悟透，知其然又知其所以然"[1]。其二，注重精准化的实践锻炼。实践锻炼是拓宽专业训练的重要渠道，一方面，组织部门要依据干部的岗位工作实际和个人特点，有针对性地选派干部进行挂职锻炼，注重挂职锻炼的匹配度。另一方面，干部自身要主动有针对性地投入实践锻炼，始终把工作当学问，重点解决在实践中出现的主要矛盾。总之，"领导干部要结合工作需要来学习，不断提高自己的知识化、专业化水平。要坚持干什么学什么、缺什么补什么，有针对性地学习掌握做好领导工作、履行岗位职责所必备的各种知识，努力使自己真正成为行家里手、内行领导"[2]。其三，解决以往训练不精准、训练效果不明显的问题。在干部专业化培养中，以问题为导向，面向问题尤其是要面向新问题，在解决老问题中把握新问题，有针对性地弥补知识弱项、

---

[1]　习近平.习近平谈治国理政：第三卷［M］.北京：外文出版社，2020：519.
[2]　习近平.习近平谈治国理政：第一卷［M］.2版.北京：外文出版社，2018：405.

能力短板、作风盲区、精神软肋，进一步推进干部专业化能力提升，增强培训实效。

3. 复合性

专业训练的复合性是指通过有计划、有步骤、有目的的训练，造就专业素养和综合能力为一体的复合型干部。习近平强调，"我们的党政领导干部都应该成为复合型干部"，这为干部成长指明了方向。新时期要着力培养又博又专、底蕴深厚的复合型干部，使之做到既懂经济又懂政治、既懂业务又懂党务、既懂专业又懂管理。

在专业训练过程中，干部要成长为复合型干部，常识、知识是根本保障，见识、认识是重要支撑，胆识是关键所在，常识、知识、见识、认识均是干部胆识的要素储备，是胆识的构成成分。这"五识"包含了干部五个方面的不同素养，各有侧重，是相辅相成的整体。第一，常识。常识是指业务常识和管理常识，这是精通业务的基础、胜任岗位工作的基本要求，包括党的方针政策和基本的法律常识、自然科学和社会科学常识、马克思主义理论常识等。第二，知识。知识是在常识基础上的更高要求，具有"宽""广""博"的特点。复合型干部不仅要具有业务常识和管理常识，还需要了解与岗位相关的其他知识。既当专家，又当杂家，"专才"与"通才"结合，才能更好地做好本职工作。第三，见识。见识是一种思想力，其中战略思维和创新思维是干部见识能力的重要组成部分。这就要求广大干部不仅要眼界广阔，而且能统观全局，审时度势。第四，认识。认识主要是指一种认识能力，包括观察力、注意力、记忆力、理解力、想象力、识别力和思维能力等基本能力，其中思维能力是认识的核心能力，决定了干部认识客观世界并改造客观世界的能力。第五，胆识。胆识是一种行动力，是一种重要的心力，主要包括行动、坚持、意志、创造四个方面的内容。责任和担当是衡量干部是否有胆识的首要标准，一个有胆识的干部，必定是在工作中勇于担当进取、敢于负责的人。总之，"五识"是新时代干部队伍的五项修炼和必备能力，这就赋予了专业训练神圣的使命，决定了干部专业训练具有复合性特征。

二、专业训练的重大意义

党政干部要自觉增强专业训练意识，把加强干部专业训练作为自己的重要责任。这既是继承和发扬党的优良传统的需要，又是迎接党在新时代挑战的必然要求，更是各级领导干部解决本领恐慌、能力不足问题的实际落脚点。

（一）迎接时代挑战

党的十九大报告指出："经过长期努力，中国特色社会主义进入了新时代，这是我国发展新的历史方位。"[1]中国特色社会主义进入新时代，就意味着时代发生了实然的变化。在新的历史方位、新的发展征程中，当前和今后的一个时期我国发展环境依然面临深刻复杂的变化。

一是从国际形势看，当今世界正经历百年未有之大变局，这不是一时一事、一域一国之变，而是世界之变、时代之变、

---

[1] 习近平.习近平谈治国理政：第三卷［M］.北京：外文出版社，2020：8.

历史之变。和平与发展仍然是时代的主题，但这个时代主题的表现形态和侧重面已经发生了实质性的变化。首先，世界进入动荡变革期，世界各种力量不断分化重组呈现出交错态势。国与国之间关系错综复杂，国际力量对比深刻调整，大国之间的博弈更加激烈，国际秩序混沌不清，国际秩序加快从旧秩序向新秩序转换。其次，某些西方大国频繁"毁约"，单边主义、霸权主义、保护主义加剧了现有国际秩序的混乱，威胁着世界和平发展格局。最后，新冠肺炎疫情全球大流行加剧了大变局的演变。全球经济增长势头减弱，经济下行压力增大，产业布局向区域化发展。新一轮科技革命和产业革命将深刻改变世界的发展格局，推动世界经济结构、产业结构深刻调整，新经济、新模式涌现，国际分工发生深刻变革。

从国内环境看，我国正处于实现中华民族伟大复兴的关键时期，综合国力有了显著提升，社会主要矛盾已经转化为人民日益增长的美好生活需要和不平衡不充分的发展之间的矛盾。这就要求我们"必须认识到，我国社会主要矛盾的变化，没有改变我们对我国社会主义所处历史阶段的判断，我国仍处于并将长期处于社会主义初级阶段的基本国情没有变，我国是世界最大发展中国家的国际地位没有变"[1]。虽然我国经济社会已走向更高质量发展的新时期，但发展不平衡不充分问题较为突出，创新能力有待加强，农业基础还不稳固，民生保障还存在短板，绿色发展任重道远，社会治理能力还有待提升，国内改革发展稳定任务艰巨繁重，面临的"四大考验""四种危险"是长期的、

---

[1]　习近平.习近平谈治国理政：第三卷[M].北京：外文出版社，2020：10.

尖锐的。

中国特色社会主义进入新时代，世界呈现新形势、新世态，我国社会主要矛盾发生新变化，我国的发展阶段和发展任务发生深刻变化。当今世界正经历新一轮大发展、大变革、大调整，大国战略博弈全面加剧，国际体系和国际秩序深度调整，人类文明发展面临的新机遇、新挑战层出不穷，不确定、不稳定因素明显增多。基于对世界大势的敏锐洞察和深刻分析，以习近平同志为核心的党中央作出了一个重大判断：世界处于百年未有之大变局。党员领导干部必须审时度势，全面增强执政本领，在应对变局中努力破局，在成功破局中开创新局。更加明确提出各级领导干部要加强专业训练，这正是最大限度发挥干部主观能动性，迎接时代挑战的正确应对。领导干部，尤其是年轻干部必须拿出"战"的姿态、"拼"的意识、"闯"的精神，不断提升专业化水平，练就过硬本领，自觉担负起党和人民赋予的时代重任，当好新时代浪潮的弄潮儿。

（二）适应组织需求

办好中国的事，关键在党。党的十九届五中全会审议通过的《中共中央关于制定国民经济和社会发展第十四个五年规划和二〇三五年远景目标的建议》提出要"提高党的建设质量"，这为新时期加强党的组织建设质量，明确了目标任务和前进方向。毛泽东指出："政治路线确定之后，干部就是决定的因素。"[1] 广大干部是贯彻落实党的路线方针政策将党的事业进一步推向前的重要力量。习近平提出的"全面贯彻新时代中国特色社会

---

[1]　毛泽东.毛泽东选集：第二卷［M］.北京：人民出版社，1991：526.

主义思想，以组织体系建设为重点，着力培养忠诚干净担当的高素质干部"[1]，为把握新时代党的组织路线指明了方向。基于此，培养选拔更多党和人民需要的好干部，是做好新形势下组织工作的重点。

其一，加强专业训练是组织培养好干部的需要。我国已进入发展转型的关键时期，需要一批高素质专业化的执政骨干来推进。建设一支宏大的高素质专业化干部队伍，离不开年轻干部的新鲜血液。培养选拔干部尤其是年轻干部是我们党的优良传统和重大政治优势。党的十八大以来，习近平高度重视年轻干部的培养工作，发表了一系列重要讲话。习近平在 2020 年秋季学期中央党校（国家行政学院）中青年干部培训班开班式上，强调干部特别是年轻干部需要提高七种能力：政治能力、调查研究能力、科学决策能力、改革攻坚能力、应急处突能力、群众工作能力、抓落实能力。"培养选拔优秀年轻干部是一件大事，关乎党的命运、国家的命运、民族的命运、人民的福祉，是百年大计。"[2] 就目前干部培养形势而言，年轻干部在"成长链条"等方面仍然存在一些问题，这些问题制约着年轻干部的成长成才。"好干部不会自然而然产生。成长为一个好干部，一靠自身努力，二靠组织培养。"[3] 从组织培养角度看，通过专业训练，为干部锻炼成长搭建了平台、提供了广阔天地，让干部在专业训练中增强党性、改进作风、磨炼意志、陶冶情操、提升境界、增长才干，提升其解决实际问题的能力，这对党组织进一步加

---

[1] 习近平.习近平谈治国理政：第三卷 [M].北京：外文出版社，2020：517.
[2] 习近平.习近平谈治国理政：第三卷 [M].北京：外文出版社，2020：518.
[3] 中共中央宣传部.习近平总书记系列重要讲话读本（2016 年版）[M].北京：学习出版社，人民出版社，2016：110.

强和改进干部培养工作具有重要意义。

其二，加强专业训练是组织把干部用好的需要。党组织不仅要把干部培养好，还要把干部用好。我们党历来高度重视选贤任能，始终把选人用人作为关系党和人民事业的关键性、根本性问题来抓。用人得当，需要党组织建立科学有效的选人用人机制，坚持德才兼备、以德为先、任人唯贤的方针。选人用人首先要看政治素质，对政治上不合格的要"一票否决"。一些地方对选人用人重视不够，认识不够，在选人用人过程中忽视党章规定的领导干部基本条件，导致选出来的干部素质和能力明显不合格。这就要求各级组织部门做好伯乐，进一步强化党组织的领导和把关作用，通过学习专业知识、增强专业能力、培养专业作风、塑造专业精神，全面加强领导班子建设，使领导班子成员拥有足够的能力和本领识别人才，这对于把好选人用人关至关重要。

（三）满足工作要求

事业发展需要干部来推动，而干部也需要在事业发展进程中锻炼成长，加强干部专业训练，是确保党的事业中各项工作目标顺利实现的重要保证。当前，我国发展环境依然面临深刻复杂的变化，处于重要的战略机遇期，不稳定性、不确定性明显增加的工作环境，给领导干部的工作带来了新的挑战。一是工作对象的多元性。"领导是门大学问"，领导的工作对象关涉各个群体，包括上级、同僚、下属、群众、媒体等。干部工作是否做得好，要从干部与工作对象的关系中进行界定，面对不同的群体，需要干部"处理好公和私、义和利、是和非、正和邪、苦和乐关系"[1]。二是工作内容的复杂性。由于分工不同，干部肩负着领导、指挥、组织社会发展和社会生活的重大责任，干部队伍的工作内容涉及各个领域，包括经济、政治、文化、军事、教育、卫生等，其中经济领域利益矛盾冲突尤为严重。任何一个领域的问题处理不当，都会给干部工作带来制约。三是工作方式的时代性。当今之世，是一个信息传播渠道多元化的时代，是一个社会管理网络化加网格化的时代。随着网络逐渐融入各行各业以及人们的日常生活，社会发展逐步呈现出多样化态势，人民群众的生活、工作范围从实体社会进入虚拟社会。网络媒体的发达，为工作带来便利的同时，也为干部工作带来了新的难题。如果干部工作方式陈旧，工作就会因循守旧、墨守成规，就难以适应工作中的新变化、新情况，甚至落后于时代发展的步伐。以上问题的出现，给领导干部的工作能力提出了新要求，这就要求干部主动适应工作实际要求，正确应对工作变化，在复杂的工作环境中训练本领和能力，从而更好地掌握各项工作的主动权。

（四）回应群众诉求

中国共产党来自人民、根植人民，人民群众是我们党的力量之源。我们党的根本宗旨是全心全意为人民服务，中国共产党人在改革开放实践中尤其是在党的十八大以来的实践中，丰富和发展了人民在社会历史中的地位与作用的认识，提出以人民为中心的发展思想。密切联系群众，善于做群众工作是中国共产党区别于其他政党的一个显著标志。在国内外情况发生深刻变化的新形势下，干部脱离群众的危险、群众工作能力不足

---

[1]　习近平.习近平谈治国理政：第三卷［M］.北京：外文出版社，2020：521.

的危险已成为我们党面临的重大考验。要做好新形势下的群众工作，就必须加强专业训练，不断增强群众工作本领、提升群众工作能力，才能更好地回应群众诉求。

党通过领导干部来做群众工作。人民群众既是干部依靠的对象，也是干部服务的对象。各级干部来自群众，是人民群众中的一员，由普通群众成长起来，受人民委托担任领导职务，干部与人民的根本利益是一致的。这就要求干部不仅要做好群众工作，还要具备能够胜任这项工作的本领和能力，提升群众的幸福感和获得感。

站在新的历史起点上，如何做好群众工作，回应群众诉求，一心为民解忧，是摆在党的全体干部面前的重要课题。当前，在领导干部中，群众工作本领不足、群众工作能力不够的问题依然比较突出。造成这一问题的原因主要有两个方面：其一，从客观上看，由于新时代中国社会主要矛盾发生变化，"以前我们要解决'有没有'的问题，现在则要解决'好不好'的问题"[1]。现阶段，人民群众的需求不仅是物质方面，还包括民主、法治、公平、正义、安全、环境等方面。人民群众对美好生活的新期盼、新需求，群众利益诉求的新变化，在群众工作中出现的新情况、新问题，给各级领导干部处理群众工作带来了压力。其二，从主观上看，领导干部自身能力有待提高。一些领导干部降低了自我学习要求，在知识、素养和能力等方面跟不上时代节拍。"有的身居其位不谋其政，遇到矛盾绕道走，遇到群

[1]　习近平.习近平谈治国理政：第三卷［M］.北京：外文出版社，2020：133.

众诉求躲着行，推诿扯皮、敷衍塞责……"[1]此外，干部队伍中还存在形式主义、官僚主义、享乐主义、奢靡之风，工作中存在"不严、不细、不实"等问题。

　　权为民所用、情为民所系、利为民所谋，是领导干部干事创业的出发点和落脚点。新时代培养党和人民需要的专业化干部，正是在践行以人民为中心的发展理念。因此，必须要通过专业训练，解决干部能力不适应群众工作发展要求的问题，使干部主体力量得到充分发挥，在知行合一中主动担当作为，增强群众工作本领、提升群众工作能力。

---

[1]　习近平.习近平谈治国理政：第一卷［M］.2版.北京：外文出版社，2018：415.

第二章

加强干部专业训练的历史进程

　　培养忠诚干净担当的高素质干部队伍是中国共产党加强自身建设的传统和优势。自中国共产党成立以来，中国共产党人一直积极探索干部专业训练的理论和实践。无论新民主主义革命时期、社会主义革命和建设时期，还是改革开放和社会主义现代化建设新时期，干部专业训练持续不断，保持整体性推进、系统化运行的发展态势，为党的革命、建设与改革提供了重要保障。

一、加强干部专业训练的发展历程

　　党员干部是党的事业的骨干力量，提高领导干部的专业化能力是干部素质和能力提升的重要内容，是加强党的执政骨干队伍建设的题中之义。我们党近百年的历史实践反复证明，党的各项事业要想取得成功，必须要有与时俱进的马克思主义理论作为指导思想，必须建设一支用马克思主义理论武装起来的、坚决贯彻党的路线方针政策、为党和人民的事业担当作为的高素质专业化干部队伍。而纵观党的发展史、党的干部教育史，干部专业训练在我们党革命、建设与改革的各个历史发展阶段都取得了明显成效。

（一）新民主主义革命时期的专业训练

大力开展工农运动，加强对工农运动的领导，是我们党创建时期的中心任务。工农运动斗争实际上起到了培养训练干部的作用。党的早期组织，即各地党的小组为了促进马克思主义同工人运动的结合，自觉地深入工人群众，举办工人补习学校，向工人讲述马克思主义。中国共产党成立后，开始积极探索创办专门学校培养训练干部，如1921年8月毛泽东、何叔衡利用船山学社的社址和经费在湖南长沙创办了中国共产党历史上第一所研究、传播马克思主义，培训革命干部的新型学校——湖南自修大学。这是我们党成立后运用正规学校训练干部的首次尝试。

随着大革命形势的发展，中国共产党在国共合作中运用统一战线开展干部培训。1924年7月至1926年9月，彭湃、罗绮园、阮啸仙、谭植裳、毛泽东等共产党人在广州主办了6届农民运动讲习所，专门培训农民运动干部。讲习所开设的课程，既有基础理论如《帝国主义》《社会问题与社会主义》《中国民族革命史》，也有专业理论《中国农民问题》《军事运动与农民运动》，还有革命文艺方面如教唱革命歌曲、教绘革命画，以及军事方面如侧重于军事操练、野战等军事技能方面的训练。这个阶段，中国共产党人开始积极探索完全由中国共产党领导的干部教育培训的专门学校——党校。1925年1月党的四大决议强调，要设立党校对党员进行系统的培训，以培养党员"对于主义的深切认识"[1]。1925年底至1926年初，北京、上海、

---

[1]　中共中央文献研究室.建党以来重要文献选编（一九二一—一九四九）第二册［M］.北京：中央文献出版社，2011：257.

广东等地成功开办了地方党校。同时期，中国共产党人还积极利用国外教育资源，有组织、有目标地训练干部，如莫斯科中山大学、东方劳动者共产主义大学为中国培养了不少革命干部。

1927 年大革命失败后，中国革命陷入低潮，面临前所未有的困难局面，党的八七会议确定了实行土地革命和武装起义的方针。其后，围绕土地革命、武装斗争和根据地建设，各级各类军事院校勃兴，如出现了中央红军大学、红军步兵学校以及红军卫生学校、红军通讯学校、红军科技学校、游击队干部学校等一批专业军校，干部专业训练主要为土地革命战争服务。此外，该阶段中国共产党人还采取开办各种类型的干部训练班等形式进一步加强训练干部，如土地革命训练班、党政干部训练班、军事干部训练班、识字班等。

到延安时期，我党迅速发展壮大，干部教育培训体系逐渐完整化，培养了数以百万计的革命干部。1938 年 11 月 6 日，党的扩大的六届六中全会通过的《中共扩大的六中全会政治决议案》指出："为了保证共产党员能在抗战建国大业中起其应有的作用，为了使共产党扩大发展成为能担当抗战建国大业中一部分光荣任务的巨大力量，必须大批培养和提拔有胆有识能作能为的党员干部和非党员干部，并且最适当地使用教育和爱护这些干部。"[1]1939 年 2 月 17 日，中共中央决定设立干部教育部，加强党对干部教育事业的领导。张闻天、李维汉为正副部长，专司全党干部教育工作的领导。1940 年 1 月 3 日，

---

[1]　中央档案馆.中共中央文件选集（一九三六——一九三八）第十一册［M］.北京：中共中央党校出版社，1991：756.

中共中央书记处发出《关于干部学习的指示》，对干部学习的课程设置、教材资料等作出部署，强调党的各级机关应注意检查党校和干部训练班的工作，轮流征调在职干部入校学习，并指明"凡不识字的或文化水平过低的干部必须以学习文化课消灭文盲为主"[1]，要求全党干部学习和研究马克思列宁主义理论及其在中国的运用。

当全党准备迎接人民革命胜利的最后到来时，人民革命战争和筹建新中国对干部的需求急剧增加，干部问题凸显，出现了大规模干部缺乏的"恐慌"现象，干部培训任务空前繁重。为此，中共中央政治局"九月会议"对夺取全国政权所需要的干部准备工作问题做了专门讨论，会议指出："夺取全国政权的任务，要求我党迅速地有计划地训练大批的能够管理军事、政治、经济、党务、文化教育等项工作的干部。"[2]为解决规模空前的干部需求量，我们党一方面从全国范围内抽调干部，另一方面大力开办干部院校，充分利用各类学校开展干部培训。同时，采取大力实施在职干部教育、大规模设立副职、训练和提拔掌握专门技术的产业工人干部、大量吸收和培训知识分子与党外干部、培养女性干部等灵活多样的训练方式和培养路径加强干部教育培训，数以百万计的干部迅速成长起来。

（二）社会主义革命和建设时期的专业训练

新中国成立后，干部来源多样化，干部数量迅速增加，但也暴露了干部队伍马克思列宁主义理论水平普遍不高、文

---

[1]　中共中央文献研究室.建党以来重要文献选编（一九二一—一九四九）第十七册［M］.北京：中央文献出版社，2011：2.
[2]　毛泽东.毛泽东选集：第四卷［M］.北京：人民出版社，1991：1347.

化水平低，思想水平、政策水平、工作能力不能适应新中国建设需要等问题。随着党的工作重心由农村向城市的转移，中共中央和相关部门制定了一系列干部培训的专门文件或涉及干部教育培训的文件，以指导、推动、规范干部教育培训工作。概括起来，干部教育培训总体思路主要表现为：一是加强对干部的思想政治、马克思列宁主义理论、文化和专业教育培训，使干部在实践中锻炼实际工作能力；二是坚持以研究中国实际为中心的干部教育方针和理论联系实际的基本原则；三是学习苏联的干部教育制度和经验，结合中国的实际情况和需要，对旧教育体系进行整改，使干部教育培训正规化、系统化、制度化；四是努力建立党的各级干部轮训制度；五是整合国民教育资源用于干部培训，充分利用和发展各类学校，分级分类地训练干部；六是加强对工业建设干部和专业技术干部的培训；七是重视培养少数民族干部和工农干部；八是加强中央及各级党委对干部教育培训工作的指导规划。

　　从干部教育培训的主要举措看：一方面，重视开展马克思列宁主义学习教育。1951年2月，中共中央颁布了《中共中央关于加强理论教育的决定（草案）》，要求各地按照具体情况，结合草案规定的原则，自行制订理论教育计划。1953年4月中共中央发出《关于1953—1954年干部理论教育的指示》，对干部理论教育工作作出顶层设计。1954年12月颁发的《中共中央关于轮训全党高、中级干部和调整党校的计划》，对中共中央直属马列学院的主要任务、修业年限、课程设置、办学要求等作了规定。此外，还开办干部业余理论学校、马列主义夜校和夜大学等业余专职理论学校，组织在职干部进行马克思列宁主义理论学习和教育培训。另一方面，推进干部教育培训制度化，以各级党校、各类干部院校为主渠道实施干部训练。1956年2月中共中央发布《关于加强初级党校工作的指示》，统筹安排省委、市委党校工作。随着马列学院、中级党校、初级党校、中国人民大学、中央民族学院以及专业干部院校等的创办，干部专业技术教育得到了应有的重视，党校教育体系与普通教育系统日益联通起来，为党的干部训练事业提供了机制支撑。

从干部教育培训的主要内容来看，贯穿这一时期的主线是对干部进行马克思列宁主义教育。1956年12月，毛泽东主持撰写的《再论无产阶级专政的历史经验》一文，在总结苏联革命和建设的基本经验时，第一条就是无产阶级政党必须以马克思列宁主义为自己的行动指南，并且用马克思列宁主义教育自己的党员和人民群众。毛泽东多次对干部理论教育工作作出指示，号召全党上下学好马克思列宁主义，要求全党特别是党的干部乃至高级干部认真读书，提高马克思列宁主义的思想理论水平。1964年2月15日，中共中央针对《关于高等军事学院高干读书班学习情况的报告》和《关于空军几个单位高级干部读书情况的汇报》，作出了《中共中央关于组织高级干部学习马恩列斯著作的批示》，以推动全党特别是领导干部的理论教育与理论学习。同时，中共中央又发布了《干部选读马克思、恩格斯、列宁、斯大林著作目录（草案）》，提供了30本学习书目，用于党员干部学习参考。

（三）改革开放时期的专业训练

党的十一届三中全会重新确立了解放思想、实事求是的思想路线，决定把全党工作重点转移到社会主义现代化建设上来，我国进入改革开放和社会主义现代化建设新时期。适应党的工作重点的转移和社会主义现代化建设的需要，建设高素质干部队伍、专业化训练干部的重要性凸显。

该阶段，党校系统在推进干部专业训练工作方面发挥了重要作用。1977 年 3 月 1 日，中央党校复校，定名为"中国共产党中央委员会党校"（简称中共中央党校），胡耀邦主持工作。其后，1977 年 10 月 5 日，中共中央作出《关于办好各级党校的决定》。根据中央精神，从 1977 年下半年开始，全国各地党校纷纷恢复建制。党的十一届三中全会后，邓小平聚焦改革开放的实践需要，向全党发出"重新学习"的动员令，并以选拔中青年干部为开端，提出革命化、年轻化、知识化、专业化的要求，把实现干部队伍"四化"上升到关乎党和国家命运的高度，认为唯有"人才不断涌出，我们的事业才有希望"[1]。他先后在多种场合多次谈论选拔培养接班人的问题，强调要从组织上发挥社会主义制度的优越性，逐步实现干部队伍的革命化、年轻化、知识化、专业化。

为进一步加强干部教育培训，1980 年 2 月 25 日，中央宣传部、中央组织部颁发《关于加强干部教育工作的意见》明确提出了新时期干部教育的方针，并对干部教育的地位、作用、目标、政策作了阐述。1981 年，党的十一届六中全会通过的

---

[1]　邓小平.邓小平文选：第三卷［M］.北京：人民出版社，1993：18.

《关于建国以来党的若干历史问题的决议》指出要"在坚持革命化的前提下，逐步实现各级领导人员年轻化、知识化和专业化"[1]，这是第一次在党的重要文献中出现干部队伍"四化"方针。1982年，党的十二大通过的党章增加"党的干部"这一章，对党的干部专门作了规定，指出"党的干部是党的事业的骨干，是人民的公仆"[2]，党按照德才兼备的原则选拔干部，努力实现干部队伍的革命化、年轻化、知识化、专业化。至此，建设干部队伍的"四化"思想成熟定型，"四化"实践也有序推进。

以实现干部队伍"四化"为目标，中央机关从自身抓起，推进干部培训工作。1982年10月中共中央、国务院颁发《关于中央党政机关干部教育工作的决定》，为有计划地、大规模地培训干部，提高干部队伍的素质，造就社会主义现代化建设的大批专门人才，提供了重要指导作用。随后，中共中央于1983年5月印发《中共中央关于实现党校教育正规化的决定》，中央宣传部于1984年6月印发《关于干部马列主义理论教育正规化的规定》。两大文件的颁布是实现党校干部教育培训正规化的重要里程碑，启动了新时期全国党校教育正规化的进程，为党校教育、干部训练正规化提供了理论指导和政策依据。其后，为建构适应社会主义现代化建设事业发展要求和新时期干部训练工作需要的干部教育培训体系，中共中央于1995年9月下发《中国共产党党校工作暂行条例》，在新形势下的党校工作和干部训练工作中发挥了重要指导作用。

---

[1]　中共中央文献研究室.三中全会以来重要文献选编：下［M］.北京：人民出版社，1982：824.
[2]　中共中央文献研究室.十二大以来重要文献选编：上［M］.北京：人民出版社，1986：83.

这一时期，为优化干部教育培训工作，中央组织部先后制定了《1983—1990 年全国干部培训规划要点》（1983 年）、《1991—1995 年全国干部教育培训规划要点》（1991 年）、《1996—2000 年全国干部教育培训规划》（1996 年）。这三大规划使这一时期的干部训练工作目标明确、措施有力。同时期，国家公务员制度的建立与公务员培训的展开，对干部专业训练的发展起到了重要促进作用。自党的十三大确定将在我国建立公务员制度和建立国家与地方行政学院，公务员制度和行政学院建设被提上日程。到 1993 年 8 月 14 日国务院颁布《国家公务员暂行条例》（2006 年 1 月 1 日废止），2005 年 4 月 27 日第十届全国人大常委会第十五次会议通过《中华人民共和国公务员法》（2006 年 1 月 1 日起施行），公务员制度则具备了充分的法律保障。而以 1994 年 9 月国家行政学院的正式成立为标志，我国行政院校建设工程也在不断向前推进，逐渐形成了以各级行政院校为主体、各类各级培训机构在内的公务员培训网络，囊括省部级领导干部专题研讨班、司局级公务员任职培训班、进修班、专题培训班和专门业务培训班、国企领导人员培训班、公共管理硕士（MBA）专业学位班、港澳公务员研修班等各类国家行政学院培训班，以及岗位培训班、任职培训班、行政管理干部培训班、民主党派干部培训班等地方行政学院培训班次。2009 年 12 月，时任国务院总理温家宝签署第 568 号国务院令，公布《行政学院工作条例》，为行政学院训练干部提供了新的政策依据和法律基础。

进入 21 世纪后，党中央从全面建设小康社会、加快推进社会主义现代化的紧迫需要出发，更加重视干部教育培训，作出了大规模培训干部、大幅度提高干部素质的战略部署，干部专业训练事业进入新的发展时期。这个阶段，具有纲领性指导作用的文件有《2001—2005年全国干部教育培训规划》《2006—2010年全国干部教育培训规划》、《中国共产党党校工作条例》（2008年）、《2010—2020年干部教育培训改革纲要》（中办发〔2010〕18号）、《2013—2017年全国干部教育培训规划》（2013年9月）等。这些文件以建设高素质干部队伍为目标，进一步深化了干部教育培训制度改革，对干部教育培训作出了全面、科学的安排，为干部专业训练工作指明了方向、提供了遵循。

　　总的看来，改革开放时期的干部专业训练，致力于适应党和国家推进社会主义现代化建设中心工作任务的需要和干部成长的需要，坚持不断创新，与时代发展大势协调一致，呈现出旺盛的生机和活力。一是提高了干部教育培训的地位，加强了顶层设计；二是重视马克思主义理论学习教育和党性教育，不断推进了马克思主义基本原理与改革开放的历史实践相结合；三是建成了以各级党校（行政学院）为主体，包含各级各类干部培训院校、教育培训机构在内的干部专业训练网络，并通过优化党校教育系统、加强干部院校建设、扩大高等院校和中等专业学校招收干部学院名额、大力推广社会化办学、办好干部文化补习学校、推进干部教育师资队伍建设等举措，切实增强了干部训练的基础条件保障。

（四）新时代的专业训练

党的十九大庄严宣告中国特色社会主义进入了新时代，提出"建设高素质专业化干部队伍"，强调要"注重培养专业能力、专业精神，增强干部队伍适应新时代中国特色社会主义发展要求的能力"[1]，干部专业训练进入新时代发展阶段。这个时期的干部专业训练，是新时代中国共产党人不断深化关于党的建设历史，不断进行党的执政实践的经验总结与理论升华，不断开创的干部专业训练理论与实践发展的新局面。

从新时代干部专业训练的理论基础看：其一，深化干部专业训练建立在对中国共产党的领导是中国特色社会主义最本质特征的深刻认识的基础之上。中国共产党的领导是中国特色社会主义最本质的特征，是中国特色社会主义制度的最大优势。坚持和完善党的领导，是党和国家的根本所在、命脉所在，是全国各族人民的利益所在、幸福所在。因此，加强干部专业训练，要始终坚持中国共产党的领导，发挥这一最大优势。其二，深化干部专业训练建立在对中国共产党执政实质是为人民执政、为人民掌权的深刻认识的基础之上。始终坚持为人民的利益而奋斗是马克思主义政党最鲜明的政治底色。通过专业训练加强干部教育，最终是要让干部在实际工作中始终坚持人民立场，以更高的综合素养和专业能力为实现人民对于美好生活的向往而奋斗。习近平强调："人民是我们党执政的最大底气，是我们共和国的坚实根基，是我们强党兴国的根本所在。"[2]我们

---

[1]　习近平.习近平谈治国理政：第三卷［M］.北京：外文出版社，2020：50.
[2]　中共中央党史和文献研究院、中央"不忘初心、牢记使命"主题教育领导小组办公室.习近平关于"不忘初心、牢记使命"论述摘编［M］.北京：党建读物出版社，中央文献出版社，2019：144-145.

党来自人民、植根人民、服务人民，任何时候都把群众利益放在第一位，不允许任何党员脱离群众，凌驾于群众之上。这意味着，干部专业训练的着力点是培养造就以人民为中心、为人民执政的干部队伍。其三，深化干部专业训练建立在对中国共产党是革命性的马克思主义政党的深刻认识的基础之上。革命意味着斗争，而斗争从来就是奔着矛盾问题去的。习近平强调："我们中国共产党人干革命、搞建设、抓改革，从来都是为了解决中国的现实问题。"[1]对中国共产党人来说，新时代最基本的问题是如何坚持和完善中国特色社会主义。这就要求干部专业训练必须教育培训干部深刻认识中国特色社会主义的道路、理论、制度与文化，在学深悟透、知行合一中不断增强中国特色社会主义道路自信、理论自信、制度自信和文化自信。

从新时代干部专业训练的实践举措看：2018年中共中央制定的《2018—2022年全国干部教育培训规划》，对新时期干部教育培训作出了全面部署，提出了今后5年干部教育培训工作的指导思想、工作目标、主要任务。这是党中央从全局和战略高度作出的重大决策，是新时代加强和改进干部专业训练工作的重要依据，对于贯彻落实党中央决策部署、培养造就忠诚干净担当的高素质专业化干部队伍、确保党的事业后继有人，具有重大而深远的意义。2019年10月，中共中央印发《中国共产党党校（行政学院）工作条例》，《中国共产党党校（行政学院）工作条例》坚持以习近平新时代中国特色社会主义思想为指导，把习近平关于党校（行政学院）工作的一系列重要

---

[1] 习近平.习近平谈治国理政：第一卷[M].2版.北京：外文出版社，2018：74.

论述贯穿其中，反映了党校（行政学院）工作实践创新、体制创新的新成果，体现了党中央对党校（行政学院）工作的新要求，为新时代党校（行政学院）事业发展进一步指明了方向、提供了遵循，带来了加强干部专业训练新机遇、新动力。

二、加强干部专业训练的基本经验

干部专业训练并非凭空产生，而是一项历史性、战略性、系统性的重大建设工程。党在革命、建设、改革的各个历史阶段，根据中心工作发展需要，采取系统完整、灵与时俱进的实践路径和政策措施推进干部专业训练，为党的事业的健康发展提供了干部队伍保障。当前，在新的历史条件下开展干部专业训练，必须全面总结我们党开展干部专业训练理论创新与历史实践的宝贵经验，以之指导我们教育培训干部队伍的新的历史行动。

（一）坚持以马克思主义为根本指导思想

以马克思主义为根本指导思想，将马克思主义基本原理与干部教育培训实践相结合，是我们党长期探索得出的干部教育的宝贵经验。在加强干部专业训练的问题上，历史经验和现实都告诫我们，必须坚持以马克思主义为根本指导思想，结合党和国家事业发展的现实需要开展工作。

第一，用马克思主义理论武装干部队伍。中国共产党是在马克思主义理论基础上建立和发展起来的，马克思主义是中国共产党的指导思想和行动指南。习近平指出："马克思主义是随着时代、实践、科学发展而不断发展的开放的理论体系，它并没有结束真理，而是开辟了通向真理的道路。恩格斯早就说过：'马克思的整个世界观不是教义，而是方法。它提供的不是现成的教条，而是进一步研究的出发点和供这种研究使用的方法。'把坚持马克思主义和发展马克思主义统一起来，结合新的实践不断作出新的理论创造，这是马克思主义永葆生机活力的奥妙所在。"[1]马克思主义的理论内核，在于提供了我们认识世界、改造世界的基本观点、立场和方法。因此，干部专业训练要用马克思主义理论武装干部队伍，特别是要用马克思主义中国化的理论成果贯穿干部教育培训的全过程，引导广大干部学习领会马克思主义的基本观点、立场和方法，继承和发展当代中国马克思主义、21世纪马克思主义。

第二，坚持马克思主义政党政治站位。政治性是马克思主义政党的鲜明特质，马克思主义政党尤其注重政治纪律、强调政治规矩。中国共产党是靠铁的纪律组织起来的，历来注重规矩立党，比其他政党更加强调纪律和规矩的重要性。这方面既有马克思主义经典理论的传统，也有科学社会主义实践的传统。针对以拉萨尔主义为代表的机会主义路线，马克思曾在给恩格斯的信中强调，"我们现在必须绝对保持党的纪律，否则将一事无成"[2]；毛泽东也指出，"像共产党这样的严肃性和纪律性，是任何其他阶级的政党所没有的"[3]。坚持政治站位是干部专业训练第一位的问题，是事关干部专业训练全过程、各方面

[1]　习近平.在哲学社会科学工作座谈会上的讲话（2016年5月17日）［M］.北京：人民出版社，2016：13.
[2]　中共中央马克思恩格斯列宁斯大林著作编译局.马克思恩格斯全集：第二十九卷［M］.北京：人民出版社，1972：413.
[3]　中共中央文献研究室.毛泽东文集：第三卷［M］.北京：人民出版社，1996：260.

的根本性问题。干部专业训练要把我们党的政治理论、政治纪律、政治规矩融入教育培训干部的全过程、各方面，旗帜鲜明讲政治，不断提高干部队伍的政治判断力、政治领悟力和政治执行力。

第三，学习习近平新时代中国特色社会主义思想。紧跟党的理论创新步伐，抓好党的理论创新成果的学习，是干部专业训练的首要任务。习近平新时代中国特色社会主义思想具有实践性、时代性、创造性的鲜明品格，是从新时代中国特色社会主义全部实践中产生的理论结晶，是推动新时代党和国家事业不断向前发展的科学指南。新时代推进干部专业训练各项工作，要站在服务党和国家事业发展全局的战略高度，紧密联系党的十八大以来中国共产党人推进党和国家事业、战胜各种风险挑战的伟大历程和举世瞩目的伟大成就，把学习习近平新时代中国特色社会主义思想作为干部专业训练的重中之重，并将其一以贯之持续推进、不断深化。让广大干部在领悟习近平新时代中国特色社会主义思想的丰富内涵和精髓要义过程中，体会以习近平同志为核心的党中央团结带领全党全国人民风雨兼程、奋力前进的坚强意志和非凡领导力，进而理解中国共产党领导和中国特色社会主义制度的显著优势和强大生命力。

（二）坚持实事求是思想路线

实事求是是中国共产党人的思想路线。回顾我们党革命、建设与改革的历史，不难发现，民主革命时期我们党所经受的存亡危机，建设探索时期所走过的曲折过程，党的干部队伍曾遭受的严重破坏，原因在于我们党的中心工作偏离了马克思主义中国化的实践轨道，背离了马克思主义实事求是思想路线，以至于人的主观意志成了判断是非的标准，主观主义、教条主义盛行，犯了不少经验主义错误。而改革开放后所取得的伟大历史成就，从思想源头看，关键在于我们党重新确立了实事求是思想路线。因此，干部专业训练必须坚持实事求是思想路线。

第一，坚持解放思想。解放思想是实事求是的内在要求，坚持实事求是思想路线，首先必须解放思想，只有思想解放了，才能真正做到实事求是。何谓解放思想？邓小平认为："解放思想，就是使思想和实际相符合，使主观和客观相符合，就是实事求是。"[1] 也就是说，所谓解放思想，就是要联系变化发展的客观实际，摆脱旧的思想观念、思维逻辑的羁绊，冲破各种思想禁区、条条框框的限制，挣脱各种已经成为定式的旧习惯的束缚，转变思想观念和思维逻辑。具体而言，这一转变有两方面：一是不唯书、不唯上，敢于对已有的思想和现实进行批判分析，不为特定本本、固化思维和主观意识所束缚，破除旧的观念，产生适应研究新情况、解决新问题需要的新思想；二是不脱离新的实际，不主观臆断，树立符合时代特征和新实际的新思想新观念，并与新实际相一致。但需要强调的是，解放思想必须防止走岔路、走邪路。因为思想解放是有原则、有方向、有规律的。解放思想的具体内容会随着时代形势的发展而有所变化，但无论在任何时候、任何情况下，都要使解放思想坚持真理标准，始终沿着实事求是的正确方向前进，自觉地

[1] 邓小平．邓小平文选：第二卷［M］．北京：人民出版社，1994：364．

服从于实事求是、服务于实事求是，并最终体现为实事求是。

第二，坚持理论联系实践。马克思指出："理论在一个国家实现的程度总是决定于理论满足这个国家需要的程度。"[1]马克思主义之所以在中国大地上永葆生机活力，不断开出理论之花、结出实践之果，关键在于马克思主义为中华民族所必需。中国共产党在运用马克思主义基本原理指导中国革命、建设、改革的具体实践中，又实现了马克思主义中国化的创新性发展，使马克思主义不断焕发生命力。中国共产党不仅善于用理论武装群众、团结群众、组织群众，更善于用实践检验理论、创新理论、建构理论，创造了中华民族从站起来、富起来进而向强起来迈进的光辉历史，生成了马克思主义中国化的两大理论成果。在马克思主义指导下的干部专业训练，其存在价值正在于它在培训干部的过程中，实现了理论与实践的有机结合，并用理论指导实践，在实践中生成新理论。干部专业训练不仅是一个理论研究、知识传播的过程，也是一个理论探索、实践创造的过程。加强干部专业训练应致力于建构理论联系实践的现实路径，用建设中国特色社会主义的生动实践去检验和丰富党的干部教育理论、方针、政策，夯实干部教育培训的理论基础。

第三，坚持与时俱进。与时俱进是马克思主义的内在品质。马克思主义是属于时代的产物，而时代也在马克思主义的理论视阈中发展。习近平指出："在人类思想史上，就科学性、真理性、影响力、传播面而言，没有一种思想理论能达到马克思

---

[1] 中共中央马克思恩格斯列宁斯大林著作编译局.马克思恩格斯选集：第一卷［M］.北京：人民出版社，2012：11.

主义的高度，也没有一种学说能像马克思主义那样对世界产生了如此巨大的影响。这体现了马克思主义的巨大真理威力和强大生命力，表明马克思主义对人类认识世界、改造世界、推动社会进步仍然具有不可替代的作用。"[1]可见，勇立时代潮头、分析解决时代难题是马克思主义具备巨大真理威力和强大生命力的关键所在。基于此，身处新时代的干部专业训练在马克思主义的视野下也应当具备与时俱进的内在品格。这是因为马克思主义为干部专业训练提供了最为行之有效、裨益长存的方法方式——与时俱进。干部专业训练要真正做到与时俱进，就必须勇立时代潮头、顺应时代大势，准确把握新时代坚持和发展中国特色社会主义的历史课题和中心任务，创新发展专业训练的思想理论、教育内容、实践路径等，培养造就一大批立于时代、用于时代、创造时代的高素质专业化干部。

（三）坚持服务于党的中心任务

干部教育培训要以研究中国革命、建设和改革的历史任务为中心，服务于党的中心任务，这是贯穿党的干部教育史的逻辑主线。中国共产党百年教育培训干部的历程，是中国共产党人为实现各历史阶段任务目标而开展实践活动的历史，也是干部教育培训服务于党的中心任务的需要而展开的历史。历史和现实证明，我们党的干部教育培训工作要想始终取得成功，除了必须要有马克思主义的理论指导，还必须紧紧围绕时代主题和党的中心任务展开。新民主主义革命时期，为了满足中国革命的实际需要，我们党开始了干部教育培训的制度性探索，兴

---

[1] 习近平.习近平谈治国理政：第二卷[M].北京：外文出版社，2017：65.

建了多种类型的干部院校用于培养训练干部；社会主义建设时期、改革开放时期，又根据党的工作重点的转移，与时俱进地调整党的干部教育方针，核心主旨是确保干部教育培训为党的中心任务服务。可以说，党的干部教育史反复证明，只有围绕党的中心任务，干部专业训练才能抓住关键、赢得主动、斩获成效。

第一，聚焦新时代坚持和发展中国特色社会主义的时代课题。新时代坚持和发展什么样的中国特色社会主义、怎样坚持和发展中国特色社会主义是时代主题，也是新时代中国共产党人全部理论和实践的主题。习近平指出："中国特色社会主义不是从天上掉下来的，是党和人民历尽千辛万苦、付出巨大代价取得的根本成就。"[1]中国特色社会主义是中国共产党人开拓的历史伟业，是需要不断推进的历史进程。围绕中国共产党人展开的干部专业训练，必须聚焦新时代坚持和发展中国特色社会主义的时代课题，必须将坚持和发展中国特色社会主义的时代课题置于马克思主义唯物史观的基础上，重温中国共产党革命、建设与改革的沧桑历史，立足于中国特色社会主义事业的未来发展，奋力攻克新时代坚持和发展中国特色社会主义的理论和实践课题。

第二，展望 2035 年基本实现社会主义现代化的战略安排。2020 年是全面建成小康社会收官之年，也是开启全面建设社会主义现代化国家新征程的接力之年。按照党的十九大相关战略安排，在全面建成小康社会之后，实现第二个百年奋斗目标大

[1] 习近平.习近平谈治国理政：第二卷［M］.北京：外文出版社，2017：36.

体分两个阶段推进，第一阶段是花近 15 年的时间，即到 2035 年基本实现社会主义现代化。这是中国共产党人正在谋篇布局的中心任务，也是新时代干部专业训练的中心任务。在新的历史节点上，加强干部专业训练，必须以 2035 年基本实现社会主义现代化的战略安排为基准，着力教育培养为基本实现社会主义现代化建设服务的干部队伍。

第三，坚定实现中华民族伟大复兴的伟大梦想。实现中华民族的伟大复兴是中国人民近代以来最伟大的梦想。但追逐伟大梦想的人间正道，从来就不是一帆风顺的，必然是遍布荆棘、充满坎坷艰辛的。正如习近平在党的十九大报告中强调的那样，"中华民族伟大复兴，绝不是轻轻松松、敲锣打鼓就能实现的"。为了实现中华民族伟大复兴的梦想，一代又一代中国共产党人付出了巨大努力。如今，我们正身处新时代。这个新时代，是全体中华儿女勠力同心、奋力实现中华民族伟大复兴中国梦的时代。立足于这个伟大时代的干部专业训练，理应是充分反映实现中华民族伟大复兴梦想的专业训练，是突出强调理想信念教育的专业训练。因此，干部专业训练要以实现中华民族伟大复兴为基础，加强干部队伍的共产主义远大理想和社会主义共同理想教育，教育引导广大干部不断充实精神之"钙"，拧紧自身世界观、人生观、价值观的"总开关"，用坚定的理想信念催生广大干部开展革命斗争的磅礴力量。

（四）坚持用改革创新引领发展

干部专业训练作为教育培训干部的社会活动，是中国共产党人的独特创造。它并非生长于一般教育模式，而是在中国共产党革命、建设与改革的实践中不断完善和发展起来的。回顾干部专业训练的发展历程，不难发现，用改革创新引领发展是其常态性、规律性的做法。甚至可以说，改革创新是推进干部专业训练的内在动力，是干部专业训练保持蓬勃活力、不断取得进步的必由之路。因此，新时代加强干部专业训练，尤其需要发挥改革创新的引领作用。具体来说：

第一，要强化以干部为中心的工作理念。以干部为中心是干部专业训练创新发展的出发点，是干部专业训练运行发展的重要逻辑。一方面，专业训练的创新发展离不开广大干部的支持。干部是专业训练创新发展的主体力量，专业训练依赖于整个干部队伍的创新发展。干部队伍可以成为专业训练创新理念的传播者和创造者。专业训练创新发展的实现离不开干部队伍的努力，需要将干部队伍的思想、知识不断积聚，最终形成系统化、规模化的创新。另一方面，专业训练创新发展的基本目标是为广大干部服务，最终目标是促使广大干部为人民服务。专业训练通过创新发展激发广大干部的积极性、创造性，发挥创新的驱动作用，有助于干部队伍的健康成长。广大干部是专业训练创新成果的直接受益者，享受着专业训练创新发展带来的益处，在专业训练创新过程中能够实现自身的人生价值，进而践行中国共产党为人民服务的根本宗旨，带动人民这一创造历史的主体不断创造坚持和发展中国特色社会主义的辉煌历史。

第二，要完善制度创新机制。制度管根本，管长远。制度创新是干部专业训练其他领域创新发展的前提条件，也是干部专业训练创新发展的核心内容。新时代，完善干部专业训练制度创新机制：一方面，要科学建构干部专业训练的新体制、新路径、新方法，摈弃因循守旧、固化干部训练的传统做法，不断转换培训理念、改进培训方式、丰富培训资源、优化培训师资，积极推进专业训练的理论创新、制度创新和管理创新；另一方面，要着力解决受训客体与施训主体的关系问题，理清时代历史变迁与干部队伍建设的内在联系，发挥好二者的互补互助作用，使专业训练既反映广大干部意愿，满足广大干部的成长发展诉求，又顺应党情国情世情的客观发展规律，满足党和国家事业发展的现实需要。

第三，要优化教育培训内容。干部专业训练是推进干部教育改革创新的重大举措，与一般的教育类别相比，其显著特征体现在其教育内容上。干部专业训练针对不同类别、不同层次、不同年龄、不同经历的干部，分层分类地组织培训。其典型特征在于，根据社会主义现代化建设过程中的国家需求、组织需求、岗位需求规划施训方案，坚持党和国家事业发展需要什么就培训什么、干部履职尽责需要什么就培训什么的施训原则，能更有针对性地开展干部教育培训工作。并且，干部专业训练能够紧密联系学员思想、知识和工作能力实际，建构培训内容的更新机制，把马克思主义中国化的最新成果、改革开放和社会主义现代化建设的先进经验、改革发展稳定的重点难点问题，及时转化为培训内容进课堂、进教材、进学员头脑。尽管如此，要充分发挥干部专业训练的比较优势，仍需不断优化专业训练的内容设计：一是要加强理论教育，精心组织学员深入学习研究马克思主义、毛泽东思想和中国特色社会主义理论体系；二是要突出学习重点，有计划地组织学员学习政治、经济、文化、科技、历史、法律和履行岗位职责所需要的各类业务知识；三是要革新教育专题，积极开展新型工业化、信息化、大数据与人工智能等专题培训，学习反映当代文明进步的最新知识，使学员的知识水平和工作能力始终跟上时代发展潮流。

第三章

加强干部专业训练的主要任务

新时代世情、国情和党情的变化，对干部尤其是领导干部的业务素养和能力水平都提出了高要求和新期待。面对新时代的新形势、新任务、新要求，干部越来越面临本领不足、本领落后等系列本领恐慌问题。专业训练是提升干部专业水准的助推器，要增强干部专业训练的系统性，强化主要任务，着力引导和帮助干部做到"四个专业"，增强"八大本领"，使专业素养和业务能力跟上时代跳动的脉搏，才能有效应对改革和发展中面临的各种难题，推动党和国家事业不断取得新进步。

一、把握干部专业训练的四个方向

《2018—2022 年全国干部教育培训规划》中明确指出，为培养造就忠诚干净担当的高素质专业化干部队伍，不断把新时代中国特色社会主义推向前进，要使专业化能力的培训更加精准，广大干部适应新时代、实现新目标、落实新部署的能力明显增强，干一行、爱一行、精一行的专业精神进一步提升。作为新时代的干部要充分提升专业素养和业务水平，满足时代发展的新要求。为此，应将促进干部学习专业知识、增强专业能力、培养专业作风和塑造专业精神，作为新时代加强干部专业训练需要把握的四个方向。

（一）学习专业知识

专业知识主要是指与干部专业工作和业务工作有关的相对稳定的系统化知识。新时代干部推进工作离不开过硬的专业知识，"'穷理者欲知事物之所以然与其所以当然者而已。'如果只是泛泛知道其中一些概念和要求，而不注重构建与之相适应的知识体系，知其然不知其所以然，讲话做事就会缺乏专业水准"[1]。无论从事何种类型的领导工作都与一定的专业知识紧密相连，离开相关专业知识的支撑，就会面临捉襟见肘的困境。因此，干部必须增强学习的主动性，扎实学习专业知识，增强知识储备，掌握谋事创业必不可少的各种知识，成长为具备常识、知识、见识、认识、胆识的复合型干部。

知识经济时代迫切需要干部进一步加强现代知识的扩展、充实和更新升级，满足领导工作和履行岗位职责的新需求、新期待和新要求。对此，要学精业务做"活字典"，做到及时跟进学、系统熟练学、领会精神学，才能说内行话、做明白人、干正确事，做到"艺高人胆大"。首先要认真学习马克思主义理论。这是做好一切工作的看家本领，也是领导干部必须掌握的工作制胜的看家本领。其次要学习党的路线方针政策和国家法律法规。这是领导干部开展工作要做的基本准备，也是很重要的政治素养。最后，领导干部还要结合工作需要来学习经济、政治、历史、文化、社会、科技、军事、外交等方面的知识，不断提高自己的专业化水平。

---

[1] 习近平.习近平谈治国理政：第二卷［M］.北京：外文出版社，2017：219-220.

（二）增强专业能力

专业能力是指领导干部在谋事创业的理念与作为方面表现出的专业性，是在多方面能力综合作用下形成的一种复合能力。社会管理复杂性和社会服务多样化的现实境遇，对领导干部适应新时代、实现新目标、落实新部署的能力提出了新的要求。专业能力的养成，就是一个不断树立专业理念、提升专业技能和夯实专业水平的过程。从当前党和国家事业发展的要求来看，干部的本领表现为适应与不适应之间的现实张力，原有的知识结构、业务能力和技能水平随着形势和任务的不断发展逐渐表现出不适应。为此，要胜任并完成社会主义现代化建设的繁重任务，必然要着力提升干部复合型能力，进而增强治理能力。

专业能力是干部谋事创业的重要能力素养，2020 年 10 月 10 日，习近平在中央党校（国家行政学院）中青年干部培训班开班式上指出年轻干部要具备"七种能力"，概括了专业能力的主要内涵，包括：其一，政治能力，主要表现为培养领导干部坚定正确政治方向、掌握形势政策、统筹全局规划的能力，使之具备较高的政治敏锐性和政治鉴别力，善于从政治的高度分析问题、解决问题。同时，还善于做政治上的"明白人""老实人"，敬畏党的政治纪律和政治规矩。其二，调查研究能力，主要表现为坚持到群众中去、到实践中去、到人民群众最需要的地方去，倾听基层干部群众所急所盼。同时，认真研究分析调研得来的大量材料，做到由此及彼、由表及里。其三，科学决策能力，主要表现为领导干部要有战略眼光，具备在多听意见、综合评判、发扬民主、科学取舍的基础上拿主意、想办法、定方案、作决断的综合性能力，善于结合党和国家事业发展需要开展地区和部门工作。其四，改革攻坚能力，主要表现为领导干部有迎难而上的刚健勇毅精神，把干事创业热情和科学精神结合起来，坚持正确的方法，提升问题意识，尊重群众首创精神。其五，应急处突能力，主要表现为具备风险意识，善于预判风险、防范风险，熟练掌握并运用处理突发事件的方法。具备应对公共危机的见识和胆识，善于结合应对风险实践查找工作和体制机制上的漏洞，并及时完善。其六，群众工作能力，主要表现为具备为民情怀，始终把群众放在心上，注意宣传教育群众，并创新群众工作的方式方法。同时，善于运用法治思维和法治方式深化改革、推动发展、化解矛盾，维护社会公平正义。其七，抓落实能力，主要表现为干事业脚踏实地、真抓实干、具备钉钉子精神。深入工作实际，抓铁有痕、踏石留印，稳扎稳打开创工作新局面。

（三）培养专业作风

专业作风是指干部在思想、工作和生活中表现出的专业态度、专业风格和专业行为，是干部坚定的理想信念和价值观的外在表现。无论是在新民主主义革命时期、社会主义革命和建设时期，还是在改革开放和社会主义现代化建设新时期，我党始终重视干部的作风问题。当前，干部在专业作风上存在事业心不足、责任感不强、廉洁自律意识不够和团结协作意识薄弱等突出问题。究其原因，主要是干部在思想和态度上的认识不到位、领导方式和工作方式的固化所导致的。在改革全面深化、开放大门更加打开的时代背景下，努力培育干部适应新形势、新特点和新要求的专业作风，已然成为新时代干部专业训练的迫切任务。

　　干部专业作风，不仅是一种高尚的品德操守，更是一种能力体现和一份责任担当。新时代培养干部的专业作风，是培养干部在思想、工作和生活方面表现出的比较稳定的态度或行为风格，这就要求干部在做好、做优工作的基础上保持高尚的工作作风、思想作风和生活作风。首先，要培养良好的工作作风。一是着力培养干部实事求是的态度。在开展工作和谋事创业过程中从实际情况出发，正确地认知和解决问题。不回避实际工作的矛盾和客观问题，不夸大发展成就，不缩小矛盾问题，以求实的态度对待工作。二是着力培养干部理论联系实际的品格。坚持理论指导实践，在实践中感受和检验理论。既要引导干部扎实、及时、正确地贯彻落实习近平新时代中国特色社会主义思想，努力学习马克思主义理论，掌握其立场、观点和方法，也要深入实际调查研究，切实掌握现实的、具体的、生动的工作实践资料。其次，要培养良好的思想作风。领导干部的品德操守是衡量干部思想作风的重要标准，良好的品德操守和个人品质是良好专业作风的内在修为。培养专业作风要时刻帮助干部筑牢思想防线，夯实思想根基，在实际工作中运用专业知识、展现专业能力，从而彰显专业作风、突出干部的个人魅力。在思想上强化团结意识、服务意识和群众意识，树立良好的政德观。最后，还要培养良好的生活作风。生活作风是干部素养和精神面貌的体现。新时代干部要充分发扬艰苦朴素、恪守本分、情操高雅的品格，以奋斗不止的状态、严于律己的态度、积极向上的心态投入生活。这就要求干部常怀感恩之心，珍惜人民赋予的权力和岗位职责，在实践中不断提升公权力意识，做事干干净净、做人本本分分，做到清正廉洁。

（四）塑造专业精神

专业精神是指干部在追求干事创业的规范、要求和品质的基础上，将正确的价值观念和专业道德内化与外显到实际工作中涵养的一种正面情绪与稳定情感。新时代的新特点、新任务和新使命，必然要求党的干部队伍具有新气象、新素质、新本领和新作为。落实好各项规定和要求，适应时代诉求与岗位需求，坚守专业精神，是打造一支高素质专业化干部队伍的关键。

领导干部要将正确的价值观念和专业道德内化与外显到实际工作中，在从事工作的同时培养正面情绪与稳定情感，切实做到干一行、爱一行、钻一行、精一行。在不断升华专业认知、培养专业情感、增强专业意志的过程中助推干部的专业行为。专业精神的核心内涵具体可概括为六种精神：其一，忠诚精神。坚持社会主义核心价值观，忠诚于党和国家的事业，贯彻落实党和国家事业发展的重大决策部署。其二，敬业精神。自觉将个人职业追求与党和国家事业发展目标统一起来，坚定正确的价值取向和职业操守，以为人民服务为己任。其三，担当精神。牢记工作岗位的职责使命，具有直面矛盾和挑战的意识与勇气。其四，专注精神。时刻保持干事创业的专注情感，对待工作专心致志，展现专业才能。其五，创新精神。以创新引领工作，因事而进、因时而变，勇于推陈出新，敢做先行者和时代先锋。其六，严谨精神。对任何工作都精雕细琢、追求卓越和一丝不苟的精神。专业精神的内核表现是一种对工作的态度，无论是精雕细琢的严谨精神，还是舍我其谁的担当精神，都反映了新时代党员干部对待工作的专业态度。作为党员干部，塑造专业精神，就是要在工作中涵养以上六种精神，筑牢严谨的精神底座，夯实坚固的精神基石。

二、掌握干部专业训练的本领要求

中国特色社会主义进入了新时代，这是我国发展新的历史方位。在新的历史方位上，干部面临着前所未有的风险挑战和复杂多变的国际国内形势，肩负着实现伟大梦想的历史使命和改革发展稳定的艰巨任务。这就要求干部队伍必须政治过硬，达到本领高强的境界。为此，增强以学习、政治领导、改革创新和科学发展为主要内容的领导决策本领，增强以依法执政、群众工作、狠抓落实、驾驭风险为主要内容的决策落实本领，既是新时代加强干部专业训练的主要内容，也是干部学习专业知识、增强专业能力、培养专业作风和塑造专业精神的价值旨归。

（一）学习本领

新时代干部专业训练的根本途径是加强学习，因为学习是干部专业素养的根本、是谋事创业的钥匙、是真正的看家本领。"只有加强学习，才能增强工作的科学性、预见性、主动性，才能使领导和决策体现时代性、把握规律性、富于创造性，避免陷入少知而迷、不知而盲、无知而乱的困境，才能克服本领不足、本领恐慌、本领落后的问题。"[1] 可见，增强学习本领，在学习中掌握新理论、新知识、新技能，是提升干部专业化水平的重要途径。

增强干部学习本领具有深刻的现实意义，主要表现为三个方面：其一，增强学习本领是干部克服本领恐慌、解决新问题的根本举措。国际上的风云变幻、国内主要矛盾的变化、党内面临的"四大考验"和"四个危险"对干部提出了更高的要求。不掌握规律、总结特点，缺乏知识和本领，就会陷入"新办法不会用，老办法不管用，硬办法不敢用，软办法不顶用"[2] 的尴尬境地。唯有不断学习、善于学习，努力使自己的知识和技能与时代同步伐，才能克服本领恐慌，更好适应时代的需求，成为合格的新时代干部。其二，增强学习本领是干部克服本领不足、解决新矛盾的重要措施。解决人民日益增长的美好生活需要和不平衡不充分的发展之间的矛盾，面临着不少困难和挑战。干部结合岗位职责和业务工作如何解决发展不平衡不充分的一些突出问题，迫切需要克服本领不足与解决新矛盾之间的现实张力。其三，增强学习本领是领导干部克服本领落后、应对新情况的内生动力。信息技术的迅猛发展催生了以"短""平""快"为特征的信息化时代的到来，知识更新周期大大缩短，新理念、新思维、新技术以前所未有的速度、向度和宽度影响着人们的生产和生活。这一新态势迫切要求干部更新知识体系，增强学习本领，博闻广识才能有效应对各种新

---

[1]　习近平.习近平谈治国理政：第一卷［M］.2版.北京：外文出版社，2018：404.
[2]　习近平.习近平谈治国理政：第一卷［M］.2版.北京：外文出版社，2018：403.

情况。

习近平强调"中央委员会的每一位同志都要勤于学习、善于学习，始终保持虚怀若谷、如饥似渴的学习状态，努力打造又博又专、推陈出新的素养结构。既要向书本学又要向实践学，既要向领导和同事学又要向专家、基层和群众学，既要向传统学又要向现代学，努力成为兼收并蓄、融会贯通的通达之才"[1]。这为干部指明了学习的方向。一是向书本学，奠定扎实的理论基础。学习马克思主义理论、学习专业知识、学习领导科学知识、学习自然科学与人文科学知识等，在丰富的理论给养中掌握领导规律和工作方法。二是向实践学，培养强大的工作能力。在调查研究、实践锻炼中不断总结规律和经验，提升认识世界和改造世界的能力，不断用马克思主义立场、观点和方法分析问题、解决问题、指导工作。三是向群众学，凝聚群众智慧。人民群众是历史的创造者，拥有无限的智慧和力量，领导干部要学习群众的品德操守、艰苦朴素、新鲜经验和集体智慧，在本职工作中紧密联系群众。四是向传统学，树立正确的历史观。学习历史传统总结经验，继承和发扬优良传统，总结历史经验与教训，树立正确的历史观、民族观和价值观。

（二）政治领导本领

政治领导本领是指政党在政治活动的过程中，引领政治方向、坚持政治原则、驾驭政治局面、防范政治风险能力的总称。[2]概而言之，就是辨别政治是非，保持政治定力，把握方向、大

---

[1]　习近平.在党的十九届一中全会上的讲话［J］.求是，2018（1）：7-8.
[2]　刘玉瑛，马正立.新时代领导干部必备的八大本领［M］.北京：红旗出版社，2019：32.

势与全局的能力，就是解决"举旗""走路""建制"等问题的能力。其核心要义在于通过专业训练帮助干部做政治上的明白人和领路人，在政治观念、政治立场和政治原则上与党中央保持高度一致，确保党和人民事业沿着正确方向前进。增强干部政治领导本领是提高执政能力和领导水平的重要路径，是提高干部政治能力和政治觉悟的关键一环，是提升专业训练实效的重要举措。增强干部政治领导本领有助于干部练就过硬政治本领，在复杂多变的局势中作出正确决策，有助于干部把握前进方向，坚定理想信念，保持高度政治素养和卓越领导能力，有助于干部有效应对风险挑战，总结规律预见未来。

增强政治领导本领，要从以下五个方面入手。一是树牢政治理想。共产主义远大理想和中国特色社会主义共同理想，是中国共产党人的精神支柱和政治灵魂，是领导干部的命脉所在。唯有坚定政治理想，以崇高理想为风向标开展具体工作，才能在实践中涵养政治意识、大局意识、核心意识和看齐意识，担当政治责任、锻造政治定力，坚定中国特色社会主义道路自信、理论自信、制度自信和文化自信。二是把准政治方向。方向决定道路，道路决定命运。干部必须毫不动摇地高举中国特色社会主义伟大旗帜，坚决维护习近平总书记党中央的核心、全党的核心地位，坚决维护党中央权威和集中统一领导，确保党始终总揽全局、协调各方。三是站稳政治立场。人民立场就是党的根本政治立场，领导干部必须始终坚持"以人民为中心"，领导工作的实质就是不断实现好、维护好、发展好最广大人民的根本利益，为实现人民对美好生活的向往而不懈奋斗。是否顺应民心、是否关切人民需求是衡量干部工作本领的重要标准。干部要善于密切联系人民群众，发挥人民的积极性、主动性和创造性，依靠人民群众谋事创业。四是提高政治觉悟。增强干部政治鉴别力，明辨大是大非，对坚持什么、反对什么、应该做什么、不能做什么要心中有数。增强政治免疫力，知敬畏、明底线、远红线，慎言、慎行、慎独。五是强化政治担当。在加强党性锻炼中不断提高干部的政治能力和政治素养。干部职责意味着责任与付出，勇于在担当历练中不断提高，敢于用科学的世界观和方法论办事，在实际工作中把握和运用战略思维、创新思维、辩证思维、法治思维和底线思维，不断提高政治本领。

（三）改革创新本领

改革创新本领就是破旧立新，废止一切旧的、不合时宜的思想观念和体制机制弊端，树立新的与时俱进的思想观念，不断寻求新动力和新事物的素质和能力。顾名思义，"改"和"创"是为了达到"革"和"新"的目的。改革创新本领是无产阶级执政党永葆活力的关键动能，是干部谋事创业的精神财富，是在复杂多变局势中维护自身安全的有力保障。增强改革创新本领有助于干部完善综合能力结构，增强问题意识实现破旧立新，在顺应时代大势的同时实现伟大梦想。

增强改革创新本领，要从以下三个方面入手。一是保持锐意进取的精神风貌。改革创新的本质是一种进取精神，干部要善于打破思维定式，只有突破思想才能革新行动。要勇于从对马克思主义的错误理解、从不合时宜的观念和做法、从主观主义和形而上学的桎梏中解放出来，以期在改革创新的进程中有效应对重大挑战、抵御重大风险、克服重大阻力、解决重大矛盾。二是把干事热情和科学精神结合起来。"坚持创新思维，跟着问题走、奔着问题去，准确识变、科学应变、主动求变，在把握规律的基础上实现变革创新。"[1]就是要善于结合本地区、本行业、本部门、本领域的实际情况推进工作，坚持正确方法与创新思维相结合。三是善用互联网技术和信息化手段。互联网时代的到来要求干部树立互联网思维，把握互联网信息技术的发展趋势，深刻理解"互联网+"的现实意义，用互联网技术创新工作的方式方法。善用互联网手段，培育新动能。创造性地运用手机终端、网络端、云端和大数据平台开展工作，用互联网手段解决线上诉求，提升工作效率，提高工作水平。干部要善于运用网络汇聚民智民心，引导网络民众，开展网络群众工作，走网络群众路线。

（四）科学发展本领

科学发展本领，顾名思义，就是实现科学发展的能力，就是坚持以人为本，实现经济社会全面、协调、可持续发展的能力。增强科学发展本领，必须贯彻新发展理念[2]。发展是永恒的主题，实现中华民族伟大复兴中国梦和社会主义现代化强国建设目标，必须坚定不移地把发展作为党执政兴国的第一要务。通过专业训练增强干部科学发展本领，有助于干部树立科学的

---

[1] 张洋.习近平在中央党校（国家行政学院）中青年干部培训班开班式上发表重要讲话强调年轻干部要提高解决实际问题能力想干事能干事干成事[N].人民日报，2020-10-11（1）.
[2] 于永达，阮青，马彦涛.新时代党政干部必须增强八大本领[M].北京：中共中央党校出版社，2019：105.

发展思维和观念，有助于干部培……全面协调发展的理念，有助于干部解决当前所面临的一系列发展难题。

增强科学发展本领，要从以下三个方面入手。第一，提高科学决策能力，促进科学发展。科学决策是实现科学发展的基本要求，领导干部的决策影响着领导工作的全过程，科学决策是实现科学发展的前提条件。第二，牢固树立正确的发展理念，把握新发展理念各个方面的科学内涵和在发展中的作用。科学认识创新是引领发展的"第一动力"，协调是持续健康发展的"内在要求"，绿色是永续发展的"必要条件"，开放是国家繁荣发展的"必由之路"，共享是中国特色社会主义的"本质要求"。干部要充分认识新发展理念是符合发展规律和目的、契合实际并推动发展的先进理念。唯其如此，才能在实践中更好地予以贯彻执行。第三，树立五个意识，切实贯彻新发展理念。一是树立创新意识，以更好地贯彻创新发展理念。干部贯彻创新发展理念需要具有创新的思维和意识，勇于开拓创新，用最新的角度寻找最优的发展方案。二是树立统筹协调意识，以更好地贯彻协调发展理念。统筹协调意识有助于干部驾驭发展全局、复杂局面，宏观运筹和协调控制，从而做到推动区域协调发展、城乡协调发展、物质文明与精神文明并重、平衡利益关系。三是树立可持续发展意识，以更好地贯彻绿色发展理念。可持续发展意识有助于干部处理好经济社会发展和自然环境保护的关系，牢固树立社会主义生态文明观，推动人与自然和谐共生，为人民创造良好生产生活环境。四是树立合作共赢意识，以更好地贯彻开放发展理念。领导干部以合作共赢意识为指引，才能做到坚持主动开放、双方开放、公平开放和全面开放，以此谋求全方位、多层次国际化合作，推动科学发展。五是树立人民意识，更好地贯彻共享发展理念。干部树立人民意识，才能一心一意为人民谋福祉，使广大人民共享科学发展成果，为实现共同富裕而不懈努力。

（五）依法执政本领

依法执政本领是指干部在法治的轨道上，在宪法和法律的框架下，自觉运用法治思维和法治方式，深化改革、推动发展、化解矛盾、维护稳定的能力。增强干部依法执政本领是新时代干部加强专业训练的重要环节，是落实全面依法治国的重要举措，是建设社会主义法治国家的必然要求。增强依法执政本领有助于凝聚改革共识，有助于提升干部的法治思维和依法办事能力。

增强依法执政本领，不断提升干部的法治思维和法治能力，要从以下三个方面入手。一是树立法律信仰。干部要深刻认识社会主义宪法和法律的本质，自觉维护宪法法律权威，坚决捍卫宪法法律尊严。要带头尊重法律、学习法律、敬畏法律、严守法律并运用法律，营造依法理性维护自身合法权益的良好社会氛围。二是强化法治思维。树立法治观念，坚持依法治国与依规治党相结合，以宪法和党章为遵循，在听取各方意见、考虑少数、充分说理论证、确保程序完善的前提下产生决策并实施决策。以此不断涵养干部的法治思维，防止以言代法、以权压法现象的产生。三是坚守法治方式。干部应主动摈弃个人意志至上和人治思维，坚持依法用权。干部行使法定职权，必须严格依法办事，恪守权力边界，坚定公权力意识，把依法用权纳入常态化轨道。"每个党政组织、每个领导干部必须服从和遵守宪法法律，不能把党的领导作为个人以言代法、以权压法、徇私枉法的挡箭牌。权力是一把双刃剑，在法治轨道上行使可以造福人民，在法律之外行使则必然祸害国家和人民。把权力关进制度的笼子里，就是要依法设定权力、规范权力、制约权力、监督权力。"[1] 可见，干部要自觉地将自己置于各种监督之下，强化党内监督、提升监督水平、健全监督法规制度体系，把权力关进法律编制的笼子里。

（六）群众工作本领

群众工作本领指的是依靠群众、宣传教育群众、组织动员群众，帮助群众提高思想政治觉悟，调动群众积极性、主动性和创造性，使之参与到党所领导的各项工作中来的能力。人民拥护不拥护、赞成不赞成、高兴不高兴、答应不答应是衡量一个政党是否能够做好群众工作的重要标准。中国共产党的生命力在人民、根基在人民、最终为人民服务。为此，新时代加强干部专业训练必须把群众工作本领放在重要地位，从而提升干部宣传群众、凝聚群众、组织群众、服务群众、引领群众的能力，为实现新时代党的历史使命保证依靠力量。增强领导干部的群众工作本领是坚定依靠人民创造历史伟业的马克思主义群众史观的外化体现，是更好贯彻党的宗旨助力实现党的使命的根本体现。增强群众工作本领有助于干部沉着应对群众工作对象广泛化、群众利益诉求多元化、群众问题复杂化、信息渠道

---

[1]　习近平.习近平谈治国理政：第二卷［M］.北京：外文出版社，2017：128-129.

多样化等现实挑战和实际变化，有效回应群众对执政党更高期待的新变化，切实关注这些新变化是新时代干部做好群众工作的前提条件。

增强群众工作本领，要从以下四个方面入手。一是发挥联系群众的桥梁纽带作用，增强群众工作的组织力。领导干部应以正确的群众观为指引，贯彻落实群众路线，发挥桥梁纽带作用。坚持以人民为中心，贯彻一切为了群众，一切依靠群众，从群众中来，到群众中去的群众路线，保持党同人民群众的血肉联系。以此为主线，将人民群众紧密地组织起来。二是宣传教育群众坚定不移跟党走，增强群众工作动员力。干部"要注意宣传群众、教育群众，用群众喜闻乐见、易于接受的方法开展工作，提高群众思想觉悟，让他们心热起来、行动起来"[1]，从而有效回应复杂社会思潮、多元道德观念和价值理念对群众的冲击。要善于依靠群众，集中群众智慧；要善于宣传动员群众，发挥群众的积极性、主动性和创造性；要善于组织群众，将群众团结在党的周围。唯有实现工作方法上的改进，才能做到始终密切联系群众。三是把群众安危冷暖放心上，增强群众工作凝聚力。干部要心中有群众，"认真落实党中央各项惠民政策，把小事当作大事来办，切实解决群众'急难愁盼'的问题。要落实党中央关于逐步实现全体人民共同富裕的要求，带领群众艰苦奋斗、勤劳致富"[2]，唯其如此，才能将人民群众的力量汇聚起来，充分发动群众力量、组织群众智慧，使之参

[1] 张洋.习近平在中央党校（国家行政学院）中青年干部培训班开班式上发表重要讲话强调年轻干部要提高解决实际问题能力想干事能干事干成事[N].人民日报，2020-10-11（1）.
[2] 张洋.习近平在中央党校（国家行政学院）中青年干部培训班开班式上发表重要讲话强调年轻干部要提高解决实际问题能力想干事能干事干成事[N].人民日报，2020-10-11（1）.

与到社会事务过程中来。四是创新群众工作方式方法[1]，增强群众工作鲜活力。干部要学会和使用人民群众的语言，使干部话语融入群众话语的语境，用群众喜闻乐见的方式开展群众工作。同时要善于走网络群众路线，提升开展网上群众工作的能力，增强网络舆论的引导，融入网民沟通语境，调动网民力量开展监督工作。新时代干部更要树立互联网思维，善用网络技术开展群众工作，凝聚网络群众力量，站稳网络阵地。

（七）狠抓落实本领

狠抓落实是指以"实"的态度和精神执行党和国家路线方针政策的能力。"抓落实，从各级党委、政府和领导干部工作方面讲，就是抓党和国家各项方针政策、工作部署和措施要求的落实。"[2]狠抓落实本领是新时代干部必须掌握的本领和基本的职责，是干部专业训练不可或缺的内容和核心旨趣所在。"抓落实是领导工作中一个极为重要的环节，是党的思想路线和群众路线的根本要求，也是衡量党员领导干部世界观正确与否和党性强不强的一个重要标志。"[3]增强干部狠抓落实本领体现着能力与水平，反映着作风与意志，彰显着责任与担当。增强干部狠抓落实本领有助于干部在全面建设社会主义现代化国家、满足人民对美好生活向往的过程中，克服落实意识不强、落实能力不足、工作职责不明等落实不力问题，有助于干部增强驾驭复杂局面、处理复杂问题的能力，抓住和解决主要矛盾的能力，攻坚克难的能力。

---

[1]　赵绪生.如何提升八大执政本领 [M].北京：中共中央党校出版社，2019：124.
[2]　习近平.关键在于落实 [J].求是，2011（6）：3.
[3]　习近平.关键在于落实 [J].求是，2011（6）：3.

　　增强抓落实本领，要从以下四个方面入手，具体体现为干部要做到四个"实"。一是说实话，语言要实。说实话、讲真话是中国共产党的优良传统，同时也是干部的内在要求。干部要不遮不掩地对工作、对上级、对下级、对群众讲实情、道实事、说真谛，避免说套话、空话、假话、无用话、情绪话，这是正确政绩观的基础条件。同时，也要善于听实话，胸怀坦荡，培养干部的大胸怀、大格局。唯其如此，才能始终与人民群众保持血肉联系。二是谋实事，干得要实。"干事业不能做样子，必须脚踏实地，抓工作落实要以上率下、真抓实干。"[1]从实际出发为民谋实事，为民办实事。干部要勇做实干家。"既要带领大家一起定好盘子、理清路子、开对方子，又要做到重要任务亲自部署、关键环节亲自把关、落实情况亲自督查，不能高高在上、凌空蹈虚，不能只挂帅不出征。"[2]坚持把各项工作"干在实处"。三是出实招，方法务实。决策的生命在于落实，缺乏切实可行的落实方法，再好的思路与理想都只能束之高阁。干部要立足全局，统筹各方，将具体目标贯彻在工作落实的全过程。要深化实践、尊重客观规律和本地区本部门在整个战略布局中的具体位置，明确职责，突出重点，带动全局。干部要充分发扬钉钉子精神，"瞄准目标、脚踏实地，持之以恒、久久为功"[3]。唯其如此，才能切实将每一个小政策落到实处。四是求实效，效果实在。取得实实在在的效果，是干部狠抓落

[1]　张洋.习近平在中央党校（国家行政学院）中青年干部培训班开班式上发表重要讲话强调年轻干部要提高解决实际问题能力想干事能干事干成事[N].人民日报，2020-10-11（1）.
[2]　张洋.习近平在中央党校（国家行政学院）中青年干部培训班开班式上发表重要讲话强调年轻干部要提高解决实际问题能力想干事能干事干成事[N].人民日报，2020-10-11（1）.
[3]　赵绪生.如何提升八大执政本领[M].北京：中共中央党校出版社，2019：144.

实本领的终极目标。干部要树立结果导向，强化职责担当，使其在工作中主动作为，勇于担当，敢于负责，确保工作目标落细落小落实。干部要增强交流配合，加强工作上的互动沟通，还要善于分工与协作，增强优势互补，形成工作合力，使落实结果实效化。

（八）驾驭风险本领

驾驭风险本领是指预判、防范并掌控不平常风险的能力。增强驾驭风险本领是我党一以贯之的历史经验，是干部进行伟大斗争的专业技能，是专业训练的重要内容。增强驾驭风险本领有助于保障干部专业训练其他的本领落到实处，帮助干部沉着应对党和国家事业前进道路上的挫折与阻碍，彰显自身的专业能力。

增强驾驭风险本领，具体应聚焦于提升干部以下四种能力。一是树立强化风险危机意识，提升预防风险能力。下好先手棋、打好主动仗，对形势走向和隐藏的危机具有预见能力，做好应对各种风险挑战的准备。增强忧患意识，一以贯之地绷紧驾驭风险这根弦，善抓风险本性、隐蔽性和双面性，从而提高抵御和抗击风险危机的能力，预见性地化解潜在的风险。二是着力防范化解各领域重大风险，提升风险识别能力。不同领域有不同的风险，干部要善于抓住重点，识别经济领域中的金融安全风险，确保金融行业在经济发展中的核心地位。识别政治领域风险，清醒认识到党面临的执政考验、改革开放考验、市场经济考验、外部环境考验对干部驾驭风险能力的高要求，有效克服精神懈怠危险、能力不足危险、脱离群众危险和消极腐败危险。识别意识形态领域风险，克服多样化社会思潮、多元化价值观念、西方敌对势力渗透的影响，牢牢掌握意识形态工作领导权和主导权，占领网络阵地。三是涵养斗争精神，提升处置风险能力。充沛顽强的斗争精神是干部防范化解重大风险的必备素养，干部要"不断提高应急处突的见识和胆识，对可能发生的各种风险挑战，要做到心中有数、分类施策、精准拆弹，有效掌控局势、化解危机"[1]。敢于亮剑，从正面化解党和国家事业前进中的各种风险。四是培育机制意识，建立健全防控风险机制。驾驭风险的前提是把握风险内部与外部的具体联系，从动态发展中考察风险。为此，要结合工作实际应对风险挑战，查找工作和体制机制上的漏洞，及时予以完善，从而有效把握"是什么风险，发生了什么风险、如何处理风险、防控风险的各项信息"等一系列逻辑关联的问题。唯其如此，才能使干部在增强驾驭风险本领的过程中不断推进风险防控工作的科学化、精细化和有效化，从而维护好社会稳定大局。

---

[1] 张洋.习近平在中央党校（国家行政学院）中青年干部培训班开班式上发表重要讲话强调年轻干部要提高解决实际问题能力想干事能干事干成事［N］.人民日报，2020-10-11（1）.

第四章

新时代加强干部专业训练的实践途径

进入新时代，在新形势下切实增强党员干部队伍的专业化能力，既需要我们干部的个人的自觉和努力，也离不开我们党组织的监督和激励。我们要切实将干部队伍的专业化建设摆在非常重要的位置，要围绕全面增强干部专业化能力的积极性、主动性，切实做好干部的专业化能力培训，同时还要进一步强化干部专业化能力培训的各项激励以及约束措施。

做好干部的专业化能力培训，就要加强干部的教育培养工作，教育培养是建设高素质干部队伍的先导性、基础性、战略性的工程，成长为一个好的干部，一是需要靠自身的努力，二是需要靠组织的培养，我们各级领导干部都要进一步加快知识更新，加强实践锻炼，使专业化素养和工作能力能够跟得上时代的节奏。我们要统筹做好干部个人努力和组织培养，进一步突出强调基层历练以及多岗位历练的优势，这样一来，不仅体现了对干部成长选人用人规律的深刻认识和把握，也能够切实增强干部的专业化能力。

一、加强干部专业训练的自我途径

习近平在中央党校（国家行政学院）2019年春季学期中

青年干部培训班开班式上发表讲话，进一步强调增强主动学习的意识。我们广大党员干部要自觉接受和加入党员的相关专业化教育培训中来，要做到以学促知、以知促行，做到身体力行、率先垂范。只有以此为基础，我们的干部才能够真正成为领导信任、群众认可的专业化干部，才能够切实发挥好党员的先锋模范作用。干部要以深入学习和贯彻习近平新时代中国特色社会主义思想为主线，不断加强马克思主义理论武装，在学思践悟中融会贯通，努力提高政治眼力、理论功力和工作能力，适应各项改革、发展和创新任务的新要求，在实现社会主义现代化和中华民族伟大复兴的征程中有新担当和新作为。

（一）发挥主动性，培养自主学习意识

"我们党既要政治过硬，也要本领高强"[1]，加强和重视学习是每个党员干部提高自身素质的需要。党员干部要履好职、尽好责、带好路，团结带领人民群众共同创造幸福美好生活，必须把学习作为自身的内在需求，增强学习的紧迫感和使命感，积极主动、自觉自愿地投入学习，不断提升自己的能力素质，增强各项本领。党员干部不仅要把学习作为一种自觉行动、一种美德来看待，而且要把它作为一种政治责任、一种思想修养、一种精神境界来追求，通过持之以恒、锲而不舍的努力，更新和优化知识结构，提高自身素质，增强处理复杂局面和问题的能力，从而更好地担负起党和人民赋予的重任。因此，在对待学习问题上，认识要到位，思想要重视，态度要端正，要认识到学习不是可学可不学的问题，而是工作的需要、形势的需要、

---

[1] 党建读物出版社编辑部.党的十九大文件汇编［M］.北京：党建读物出版社，2017：46.

生存的需要、发展的需要。党员干部要端正自觉的学习态度。"不重学则殆，不好学则退，不善学则衰。"党员干部要把加强学习作为政治任务、历史使命和重要责任，深刻认识到学习是加强党性修养、坚定理想信念、提高精神境界的重要手段，是获取知识、提升能力、增长本领的必经之路。要克服"工作太忙，没有时间学习""学不学都一样，不影响工作""只要干好就行，学习没什么大用"等错误思想认识，切实端正学习态度，树立终身学习的理念，做到"无一时不学、无一事不学、无一处不学"。进一步增强学习的积极性和主动性，变"要我学"为"我要学"，从"一般学"向"深入学"转变，真正养成孜孜以求、勤奋好学的良好习惯。

（二）掌握科学学习方法，理论与实践相结合

习近平在党的十九大报告中指出："领导十三亿多人的社会主义大国，我们党既要政治过硬，也要本领高强。要增强学习本领，在全党营造善于学习、勇于实践的浓厚氛围，建设马克思主义学习型政党，推动建设学习大国。"中国特色社会主义进入新时代，对党和国家工作提出许多新要求。广大党员干部必须切实加强专业训练，不断掌握新知识、熟悉新领域、开拓新视野，实现新进步。

一是要掌握科学学习方法，全面系统地学。干部专业训练是一个逻辑严密、系统完备的科学体系，只有全面系统地学、长期深入地学和融会贯通地学，才能在实践中系统增强干部执政能力素养。这就要求各级领导干部要不断扩展学习广度和深度，将学习、宣传和贯彻统一起来，要努力拓宽学习领域，形成分层次、跨领域、全覆盖的学习体系。二是向书本学习，认真掌握专业知识。党政干部要认真学习和掌握各自的专业和业务知识，使自己成为所从事领域的行家里手，还要学习领导科学知识，掌握领导工作的特有矛盾和规律，更好地把握领导规律和领导方法。理论要"有的放矢"、学马列要"管用"，要大力创新学习形式，将读原著、学原文、悟原理结合起来，真正实现学有所思、学有所获和学有所成。三是要深入基层搞调查研究。干部专业训练是一个开放的理论体系，基层是干部最好的课堂，只有深入到一线、艰苦地区、复杂环境中砥砺品质、锤炼作风，不怕吃苦、吃亏，才能在基层摸爬滚打中"强筋健骨"。为此，各级领导干部要坚持以学习为基、以实践为本，坚持在干中学、在学中干，加强组织领导，强化统筹协调，注重引导群众，不仅要从思想中学出自觉自信，还要往深里走、往实里走和往心里走，从中找到方向、路子和方法，学出责任担当和能力水平，不断开创改革和发展的新局面。

（三）善于向人民学习，增强凝聚集体智慧的本领

向人民学习，是增强专业训练途径的关键。毛泽东指出："凡属正确的任务、政策和工作作风，都是和当时当地的群众要求相适合，都是联系群众的；凡属错误的任务、政策和工作作风，都是和当时当地的群众要求不想适合，都是脱离群众的。"[1]作为党员干部，一定要摆正自己的位置，真心诚意拜群众为师，要把调研的功夫下到察实情、出实招、办实事上，把温暖送进老百姓的心坎里。拜人民为师，向人民学习，放下架子、扑下

---

[1] 毛泽东.毛泽东选集：第三卷 [M].北京：人民出版社，1991：1094.

身子，接地气、通下情，各级领导干部要甘当群众的"小学生"，从他们的朴素智慧中汲取营养，从他们的实践创造中提炼经验。"三人行，必有我师焉"，人民群众长期的生活和生产都在基层一线，他们在日常实践中积累了大量的真知灼见，而且群众路线是我们党的生命线和根本工作路线，是我们党永葆青春活力和战斗力的重要传家宝，党员干部只有踏踏实实扎根于基层一线，艰苦奋斗，接受摔打磨砺，真正地尊重人民，真诚地拜人民为师，自觉向实践学习，要真正沉到基层、融入人民，和人民想在一起、干在一处，才能成为一名合格的共产党员，中国共产党才会获得永远立于不败之地的执政根基。

二、加强干部专业训练的组织途径

贯彻落实新时代党的组织路线，建设忠诚干净担当的高素质干部队伍。干部专业训练是建设高素质干部队伍的先导性、基础性、战略性工程，在贯彻落实新时代党的组织路线中承担着重大使命、发挥着重要作用。

（一）增进干部专业训练实效

聚焦应培尽培。各级组织部门要着力培养造就具有专业能力、专业精神的高素质干部队伍，坚持选本地区最优秀最合适的干部来重点培养，切实推动干部解放思想、增智添力。要充分考虑优秀干部结构类别，分类吸纳不同层级的优秀领导干部、选调生、中层干部等中坚力量参加专题培训班，对确因工作原因未能参训的，根据专业、岗位等因素，科学调整到其他班次，确保应收尽收、应训尽训。

聚焦精益求精。课程设置是干部教育培训的主干和核心，直接影响培训质量和水平。各级组织部门要以组织需要、事业发展需要、干部成长需要为导向，科学设计培训内容。坚持授课师资配优配强，按照培训需求确定课程，邀请行业部门领导示范讲经验、高校专家教授讲理论、企业管理人才讲市场，到先进发达地区现场参观学习，全面系统学习党建、项目建设、舆情应对等方面知识。要及时优化调整干部教育培训内容，着力做到事业需要什么就培训什么、干部缺少什么就培训什么，切实满足干部个性化、多样化、差别化的培训需求，实现全方位提升干部整体素质。

聚焦目标导向。积极参与构建干部终身学习的教育体系，干部既是构建服务全民终身学习教育体系的组织者、推动者，也是直接参与者、受益者，我们要在干部培训工作实践中，把终身学习的理念贯穿于干部教育培训的全过程。要不断完善构建干部终身学习教育体系的积累养成转化机制，充分利用现代信息技术建立学员终身学习数据库，发挥网络教育培训的显著优势，建立健全覆盖干部成长各阶段的知识谱系、能力提升体系和动态服务体系，持续提升干部教育培训学习的针对性、实效性。要加强对服务全民终身学习教育体系的顶层设计，根据干部教育培训特点，为学员构建多样化、选择性、终身学的教育培训体系，汇聚形成构建服务干部终身学习教育体系的强大合力。

聚焦严而有序。各级组织部门要坚持培训纪律严格有序，组建临时党支部、班委严格考勤考核全程管理，实行早晚课制度，早课重点开展红色党性教育，晚课重点进行研讨交流，通过"理论授课＋现场参观＋专题研讨＋成效纪实"的方式开展沉浸式培训，确保培训期间高质量教学。要树立考核"指挥棒"，全面考核评价干部的学习态度、理论知识掌握程度、党性修养和作风养成情况以及解决实际问题的能力，运用考评结果检验教育培训成效，倒逼干部学有所成、学有所获。

（二）打造基层实践平台，强化干部实践锻炼

"宰相必起于州部，猛将必发于卒伍。"治理能力是在一线长期实践锻炼中砥砺而成的。基层基础差、矛盾多，各种微观利益交织，盘根错节，千头万绪，治理工作难度很大，既是个大熔炉，也是个考验场。在基层工作，干部长期直面各种矛盾和诱惑，不断经受大事急事难事烦事的考验，可以在挑重担、啃硬骨头、接烫手山芋的磨砺中壮筋骨、长才干，练就忠诚、干净、担当的政治品格，坚忍不拔、百折不挠的性格，成长为处理各种矛盾问题的高手，发展成擅长治理社会、发展经济的能人。因此，基层是加强干部政治历练、实践锻炼的最好学校。

注重基层磨砺。不经历非常之事，难以成非常之才。基层距离群众最近、困难矛盾最集中，既是锻炼干部成长的最好舞台，也是检验能力水平的最佳平台。要把基层一线的实践列为党员领导干部的必修课，在基层实践中明使命、转作风、强担当，在艰苦环境中历练才干、磨砺意志、锤炼品性，树牢群众观念，提升群众工作方法，让群众观念根植于思想中、落实到行动上。要进一步完善有利于加强基层磨砺、促进成长进步的体制机制，让党员领导干部在基层学习进步有"想头"、成长发展有"盼头"、工作生活有"甜头"，沉淀不甘平庸的奋斗精神，找到甘于寂寞的坚守力量。

注重多岗交流。真金不怕火炼，百炼方能成钢。党员领导干部往往处在事业的中心、权力的中心、矛盾的中心，不经历风雨难以见彩虹。要实行岗位交流，通过多岗锻炼来丰富工作阅历，提升领导能力。要培养性交流年轻干部，对经历单一、有培养前途和潜力的年轻干部，有针对性地放到急难险重的地方，接一接"烫手的山芋"，当一当"热锅上的蚂蚁"，在实践中经风雨、壮筋骨、长才干。要制度性交流领导干部，对班子成员特别是"一把手"进行定期轮换或交叉任职，使干部在各种环境和岗位经受锻炼，不断提高全面领导能力。要经常性交流重点干部，对长期在一个领域、一个部门、一个岗位担任要职的干部进行轮岗，促使干部汲取新知识、激发新热情。

注重一线成才，将基层一线作为干部的选拔平台。坚持"好干部"标准，把政治标准摆在首位，牢固树立"干部到基层去，领导从基层来"的导向，在基层一线锻炼干部，从基层一线选拔干部，把敢不敢担当、能不能作为、关键时刻可不可以挺身而出作为干部选拔任用的依据，大力选拔政治过硬、业绩突出、群众公认的干部。党员领导干部也要坚持一线工作法，把更多的精力放到工作一线，把更多的政策和资源向一线倾斜，积极投身改革发展主战场、攻坚克难第一线、服务群众最前沿，以工地为阵地，以现场为考场，始终坚持视使命为生命、凭发展论英雄、以项目比能力、从担当看品格，让一线成为党员领导干部成长进步的平台、干事创业的平台。

（三）整合资源、多措并举，形成干部专业训练的系统合力

党员干部面对新时代、新矛盾、新目标、新部署，必须不断增强时代感、责任感、使命感，加强党员教育培训是提高素质能力的重要手段，必须多措并举强化党员干部的教育培训。各级领导干部特别是年轻干部要适应时代进步和事业发展要求，广泛学习经济、政治、文化、社会、生态文明以及哲学、历史、法律、科技、国防、国际等各方面知识，提高战略思维、历史思维、辩证思维、创新思维、法治思维、底线思维能力。要坚持"干什么学什么、缺什么补什么"，以全面增强执政本领为重点，注重丰富专业知识、提升专业能力、锤炼专业作风、培育专业精神，不断增强适应新时代发展要求的专业化能力。

加强各类教育培训资源的布局结构、专业结构的调整，使孤立零散的教学资源成为有机联系的整体资源是干部专业训练"基"之所在。统筹协调、资源共享，优化师资、项目、基地、信息、管理等教育培训资源的配置，对现有资源进行清理、归类和筛选，及时加以补充、升级、改造和更新，积极采用互联网、手机等新型载体，建立广覆盖、多层次的教育培训网络，使教学资源不仅完整配套，同时也与时俱进，保持新颖性和先进性。

规范重点培训项目实施。重点培训项目实施质量是干部培训"效"之所在。建立承训机构比选机制。按照标准的项目比选程序开展培训项目承办机构比选，确保培训项目实施主体"优中选优"。实行标准化实施培训项目管理，制定重点培训项目实施流程图，规范培训项目准备、启动、实施、控制、总结等各个流程，严格按程序执行。在项目具体实施过程中，对项目任务进行分解，创建项目工作分解结构，从培训组织、教师管理、教学教务三个板块分解确定"工作包"，对标销号，确保没有重要任务的忽略和遗漏。

常态甄选建立师资库。师资课程质量是干部培训"魂"之所在。建立党校系统主体班精品课程和优质师资筛选制度，采取上公开课、组织赛课等方式，每学期评选一批优质师资和精品课程。重点班次评估推荐。根据主体班次培训质量效果评估课程评价结果，每年集中将评分长期靠前的师资纳入师资库。建立干部访问咨询机制，采取面对面、电话、回访表格等多形式，收集各大高校、干部学院、干部培训基地优质师资，分专题建立师资和课程包。建立网络听课甄选推荐制度，注意收集各级开展的网络培训优质师资和课程，纳入各专题师资和课程包，供重点培训项目参考使用。

做大做强本地干部培训阵地。提高基层党校及干部培训基地建设水平是干部培训"根"之所在。提高党校建设水平是干部教育培训要求应有之义。要乘改革东风全面提升党校办学质量。切实抓好党校硬件设施、师资队伍质量、学科建设水平、科研资政水平的提升，充分发挥党校党员干部教育培训主渠道主阵地作用，整合资源、集约资金，全面提高重点培训项目质效。要推进"党校＋基地"提高办学水平。统筹规划布局市域内现场教学基地，开展达标建设。鼓励依托市县党校，建设专业培训基地，探索采取市场化运作方式，全面提高基层干部培训基地办学水平。

第五章

加强干部专业训练的党校实践

建设高素质专业化干部队伍，是党和国家着眼于进行伟大斗争、建设伟大工程、推进伟大事业、实现伟大梦想作出的战略决策，是新时代干部队伍建设的新要求。加强干部专业训练，有利于提升干部队伍整体素养和专业化能力，增强干部队伍适应新时代、实现新目标、落实新部署的能力。党校作为干部教育培训的主渠道主阵地，在加强干部专业训练上发挥着先导性、基础性、战略性作用。重庆市党校系统将专业训练作为干部队伍建设的重要抓手，大力整合资源、创新方式、丰富内容，不断增强专业训练的系统性、针对性、实效性，为培养忠诚干净担当的高素质专业化干部队伍添动力、增活力、聚合力。

一、精准发力，搭建专业训练架构

提高领导干部专业化水平，既要综合施策、全面用力，也要找准着力点、精准发力。中共重庆市委党校（重庆行政学院）为夯实专业训练基础，围绕师资队伍建设、教学内容设计、训练效果提升方面下功夫以切实打牢专业训练的地基工程。

（一）精心培养师资队伍

高素质师资队伍是党校（行政学院）办学的核心力量，也是衡量党校（行政学院）教研咨水平的关键因素。中共重庆市委党校（重庆行政学院）按照专职为主、专兼结合的原则，充分发挥专兼职教师各自特长，实现优势互补，精心打造政治强、业务精、作风好的高素质师资队伍，强化专业训练的基础保障。

一是教研咨一体化，提升专职教师素质。教学、科研、决策咨询是党校（行政学院）的基本职能，也是党校（行政学院）教师安身立命的基本技能。中共重庆市委党校（重庆行政学院）大力推进教研咨一体化，促进教研人员全面发展，培养通才型教师。转变思维理念。校委坚持"教学兴校、科研强校、资政亮校"发展理念，要求教学、科研、决策咨询业务部门打破各自为政的局面，同向发力，促进教研咨成果相互转化，实现螺旋式叠加、合作式促进、协同式共赢。教研人员转变思维理念，进一步找准教学专题、科研课题和实践难题的融通渠道，促进深度融合。完善促进机制。健全新进教师人生职业规划、中青年教师结对培养、挂职锻炼和访学研修等机制，促进教研人员成长成才。完善精品课程评选、科研项目管理、科研咨政奖励等制度，激励教研咨成果产出。强化校外纵横联系和校内纵横协作机制，促进交流协作，加强教研咨一体化协作攻关。找准结合点。教师在教学实践中要进行大量的阅读、思考和研究，从而产生更多的新思想、新理论，催生一批科研成果。通过创造性的研究活动，将最新的研究成果运用于教学当中，既可以满足学员的求知欲，又能够把知识讲活、把道理讲透。教学和科研又为决策咨询起到基础调研和理论支撑的作用，帮助形成更具可行性、操作性和前瞻性的决策咨询成果。教师找到同频共振的结合点，经过反复历练，成为名师名家。

二是结构多元化，壮大兼职教师队伍。为进一步满足学员多元化需求，中共重庆市委党校（重庆行政学院）不断优化教师队伍结构，扩充具有时代性、先进性、代表性的兼职教师。邀请高级领导干部上讲台。党政领导干部到党校（行政学院）授课、作报告形成常态，占主体班次总课时的比率超过 20%。他们政治素质过硬，政策理论水平高，从政经验丰富，授课内容上接"天线"、下接"地气"，能把党和国家的方针政策与重庆的基本市情紧密结合讲深讲透，有很强的指导性。把先进典型人物转变为兼职教师。在奋进新时代的过程中，市内涌现出一大批时代楷模、先进人物和行业领军人物。比如全国抗击新冠肺炎疫情先进个人、重庆市脱贫攻坚工作先进个人、基层社会治理创新的优秀人民调解员等。他们不仅有崇高的理想追求、卓越的个人成就，还有动听的奋斗故事、感人的英雄事迹，是一种稀缺的教学资源。邀请他们上台为学员作报告，发出好声音，传播正能量。从知名专家学者中优选兼职教师。从市内市外的各类高等院校、科研院所和其他领域的专家学者中优选一批兼职教师，他们在各自领域都有深入研究和丰硕成果。比如法律专家、科技专家、金融专家、文化专家等，邀请他们做培训，能够帮助学员了解改革发展中取得的最新成果，洞悉各专业领域发展方向。

市领导上讲台

（二）精准优化教学设计

教学设计的质量直接决定教学培训的实效。不同学员有不同需求，培训师资、课程内容、教学方式等应体现分类分层要求。中共重庆市委党校（重庆行政学院）坚持目标导向、问题导向、需求导向，精准优化教学设计，实行"一班一策"，切实提升专业训练的针对性。

一是坚持目标导向，优化课程设计。将新发展理念、供给侧结构性改革、创新驱动发展战略、乡村振兴战略、脱贫攻坚等重大发展理念和战略部署纳入课程体系，帮助学员深入认识党和国家的大政方针和行动计划的时代背景和重要意义，系统掌握其核心要义和路径要求，确保紧跟时代步伐不落伍。将重庆在推进新时代西部大开发中发挥支撑作用、在推进共建"一带一路"中发挥带动作用、在推进长江经济带绿色发展中发挥示范作用和成渝地区双城经济圈建设等纳入教学内容，帮助学员找准重庆在全国的发展定位和主要着力点，保持定力不松劲。将构建"一区两群"协调发展格局、打好"三大攻坚战"、实施"八项行动计划"和"六稳""六保"纳入教学课程，帮助学员进一步熟悉市情，认清目前存在的问题、短板和努力的方向，在学思践悟中寻良策、谋发展。通过集体备课、专题研讨、集中点评，催生了一大批精品课程，近年来，共有11门课程分别荣获中央组织部"全国干部教育培训好课程"、中央党校（国家行政学院）精品课和市委组织部"全市首批干部教育培训好课程"，在干部培训中发挥了重要的基础性作用。

二是坚持问题导向，创新教学方式。老套的教学方式，不但难以提升学员积极性，也不利于激发教师的创造力，容易使教与学都陷入两难困境。在更新教学内容的基础上，再辅以教学方式的创新，会让学员耳目一新，学习体验更深，培训效果更佳。在所有班次推行"2+X"互动研讨式教学（即2个小时的教师讲授环节、不定时的教师学员互动问答），广泛开展案例式、体验式、情景式教学，让学员体验更深、收获更多。依托"3+40+200"（3个省部级基地、40个市级现场教学基地、200个区县现场教学基地）现场教学基地，深入开展现场教学，让学员实地察看、亲身感受。组织学员到脱贫攻坚、交通会战等岗位开展实岗锻炼，着眼解决工作上遇到的实际问题，不断提高干部的专业化能力。

三是坚持需求导向，强化专题培训。结合组织需求、岗位需求和个人需求，着眼增强干部"八种本领"（学习本领、政治领导本领、改革创新本领、科学发展本领、依法执政本领、群众工作本领、狠抓落实本领、驾驭风险本领），聚焦打好"三大攻坚战"（防范化解重大风险、精准脱贫、污染防治）和实施"八项行动计划"（以大数据智能化为引领的创新驱动发展战略行动计划、乡村振兴战略行动计划、基础设施建设提升行动计划、军民融合发展战略行动计划、科教兴市和人才强市行动计划、内陆开放高地建设行动计划、以需求为导向的保障和改善民生行动计划、生态优先绿色发展行动计划），组织开展分类别专题教学，实施精准化专业化能力培训。举办全市脱贫攻坚专题培训班、全市实施乡村振兴战略行动计划专题培训班、推进成渝地区双城经济圈建设专题研讨班、全市大数据应用专题培训班等，让主抓相关方面工作的干部明晰当前的新形势、新问题、新任务，攻克工作中的难点堵点，不仅成为能力全面的"通才"，也力求成为精通业务的"专才"，引导领导干部

全市实施乡村振兴战略行动计划专题培训班

会为、善为、有为，促进干部想干事、能干事、干成事。

（三）精细做好专业训练

随着社会分工越来越细，各项工作的专业化、精细化要求越来越高，对领导干部的专业化素养提出了更高要求。中共重庆市委党校（重庆行政学院）从丰富专业知识、提升专业能力、锤炼专业作风、培育专业精神四个方面同步发力，切实提升专业训练的实效性。

一是注重丰富专业知识。"干什么学什么"，立足学员从事的不同行业，注重专业知识的积累和实践应用，灵活运用"课堂＋实践"教学，促进理论实践有机衔接、学用结合，学专业、懂专业、用专业，培养各个行业的行家里手。课堂上，邀请相关领域资深专家进行精心辅导，讲深讲透行业知识及发展趋势，分析存在的问题和破解策略。实践中，安排到行业相关的前沿阵地和实践基地开展教学培训，比如南岸区物联网产业发展与智慧城市建设现场教学基地、江北区江北嘴金融服务集聚示范区现场教学基地、秀山县农村电子商务实践现场教学基地、猪八戒网大数据产业发展试点示范平台等。"缺什么补什么"，结合时代需要和个体需要，坚持与时俱进，把当前推进我市高质量发展普遍需要的专业知识作为培训的重点内容，培养更多紧缺专业型人才。把成功的实践家请进来，分享热门专业领域的主攻方向、学习要领和经验收获。坚持"请进来"和"走出去"相结合，补足知识面的断层，促进学员博闻广识。

二是注重提升专业能力。全员学习《习近平谈治国理政》

等系列书籍，培养战略思维，增强把握全局的能力。开展"双创"工作实践教学，强化创新驱动发展理念，培养创新思维，提升创新意识和创新能力。全面解读《中华人民共和国民法典》，开展模拟法庭实践性教学，培养法治思维，提升依法行政的能力。建设大数据智能化应用体验中心，让学员实操运用大数据智能化手段发现解决城市问题，体验大数据智能化的创新应用。新建实训大楼，开展突发事件舆情导控与媒体沟通、公共卫生事件应急管理等案例教学，训练运用专业技术、专业方法和规范流程应急处突的能力。举办学员讲坛，开设学员微课堂，组织开展理论研讨、课堂互动、案例分析，促进学员交流互鉴，取长补短，不断增强适应新时代、服务新发展的"七种能力"。

三是注重锤炼专业作风。教学培训深度结合时代背景和发展要务，不回避现实矛盾、客观问题，一切着眼于实际，努力培养新时代领导干部实事求是的作风。坚持理论指导实践，实践检验真理，讲授理论时穿插大量事例、案例，引用大量史实佐证，强化理论的现实指导性。实岗锻炼时注重活学活用，用新的理念方法分析基层实际情况，解决一线实际问题，在实践中感知和检验真理，发扬求真务实的作风。培训期间，学员与教师协作开展课题研究，利用现场教学、市外参观和基层锻炼的机会充分开展调研，收集基本情况，掌握一手资料，大兴调查研究之风。撰写决策咨询报告或调研报告，呈送市领导或在相关刊物发表，有力地推动相关工作。鼓励学员对某一专业问题开展深度剖析和专门研究，培养孜孜不倦、深挖细研的良好作风。

新冠肺炎疫情防控应急演练

四是注重培育专业精神。传承"工匠精神"，通过开展研究式教学，培养学员刻苦钻研、追求卓越的专业品质。探讨职业价值，强化职业认同和归属感，激发学员艰苦奋斗的动力。明确职业规范要求，注重学员的职业道德建设培训，强化职业操守。挖掘各行业的成功典范和模范事迹，传递敬业精神，激发学员干事创业的激情。教育引导学员不管从事何种职业，身居何种岗位，身处何种环境，都应热爱本职工作，做好分内之事，发扬奋斗精神。组织学员参观全国各地先进做法和示范工程，激励学员专注于事业，向先进看齐。学员通过持续学习积累，在潜移默化中养成勤学苦干、多思善悟、精益求精的专业精神，在各自领域不断精进，成为各行业的专业精英和领军人才。

二、多措并举，创新专业训练模式

为适应新时代干部专业能力培训的新要求，渝北区委党校自 2010 年搬迁以来，把加强干部专业能力训练作为干部教育培训的重要任务，充分依托新校硬件条件，积极探索情景模拟教学现代培训方式，在全市率先建立起媒体沟通、危机应对、党性实训三个实训室，努力在干部专业训练上寻求新的突破，在推进干部教育培训创新、促进干部专业能力素质提升方面迈出了实质性步伐。

（一）转变思路，创新专业训练理念

目前，讲授式是干部专业技能培训最基本的教学方法之一，讲授式培训以其信息量大、内容丰富、便于组织等不可替代的优势，在教学中占有较大的比重。但是，面对党员干部对培训日益多样化的需求，传统讲授式专业培训已经难以满足发展需要，这就要求我们必须创新培训方法，提高培训质量。思路决定出路，定位决定地位，针对目前培训方式固化、培训效果不显、学员参训积极性不高等短板，渝北区委党校把干部专业技能培训理念创新作为抓好能力培训的基础性工作，进一步强化"干训立校"办校宗旨，切实转变发展观念，大胆引入现代培训先进理念和成功做法，率先抢占干部专业技能培训新高地。经过多方考察、反复论证、不断实践，渝北区委党校确定了以情景模拟教学为干部技能培训方式创新的主要方向和重点抓手，在全市区县党校中率先把情景模拟教学法引入干部专业培训中，不断增强干部专业训练的吸引力和实效性。学员通过角色扮演方式，在课堂上再现或模拟社会上、工作中、生活里发生的突

发事件、媒体事件，融入接近真实的突发情景，亲身体验角色的地位和处境，从而在短时间内加深对教学内容的理解，迅速提高处理应急事件、面对媒体等实际工作的能力。

（二）因地制宜，搭建专业训练平台

渝北区委党校新建于 2010 年 6 月，占地 43 亩，办学硬件条件齐备。其中，大小教室、会议室多达 30 间，在满足大规模培训党员干部、党外干部的同时，教室和会议室还有富余和闲置。为充分利用好党校现有资源走出知识技能培训新路，与时俱进对专业培训功能进行提档升级，渝北区委党校通过深入的调查研究，提出了建立实训室实现专业训练升级的思路和举措。经过积极争取， 2011 年 4 月，渝北区委党校将媒体沟通实训课纳入干部教育教学改革重点内容，依托渝北区委组织部电教中心，在区内培训班、对外培训班次上开设媒体沟通模拟课程。2012 年，渝北区委党校组织模拟教学团队成员赴上海中国浦东干部学院系统参观学习实训室建设情况，依据现有条件开展项目设计，形成了建设实施方案。2013 年，按照最新情景模拟培训理念，投资 200 余万元对部分教室进行办学功能提升，建成了占地面积 366 平方米的媒体沟通实训室、危机应对实训室、党性教育实训室，实现了现场采访、嘉宾访谈、新闻发布、外事接待、开会演讲、危机应对、案例分析、桌面推演等模拟教学活动同步，专业技能培训平台建立起来并得到逐步完善。

学习书吧

（三）多维培养，打造专业训练师资

围绕提升专业训练针对性和实效性，渝北区委党校推进模拟教学改革走向深入，立足现有师资队伍，成立了模拟教学改革工作小组，由常务副校长担任组长，分管干部培训副校长担任副组长，遴选了6名有专业基础、培养潜力大的骨干教师成立模拟教学团队，两个实训课均分别组建了"主讲＋辅讲教师＋设备师"的师资团队。渝北区委党校连续多年把模拟教学的改革工作纳入年度重点工作，采取多种措施集中精力进行打造，以"三课两学一测评"为抓手，着力提升模拟团队综合素质，确保实训课取得实效。"三课"就是集体备课、定期赛课、及时说课，针对模拟教学改革方向、重点、课程备课大纲、案例等重点，定期不定期组织全校专兼职教师开展"三课"活动，汇集集体智慧共同打造精品名牌，及时总结模拟教学中教学组

织、程序设计、案例选择等存在的问题和不足，实行问题导向、结果倒逼。"两学"就是外出学习、做访问学者，每年组织实训团队成员到市外至少集中短期进修 1 次以上，与市委党校、市内高校之间开展"联合培养"行动，选送实训团队成员担任访问学者，不断提升实训团队成员综合素质和能力。"一测评"就是在模拟实训结束后，开展学员对教师教学质量、教师对学员综合表现的双向师生互评，全面掌握学员对教学情况的反馈，并认真梳理反馈意见，有针对性地改进模拟教学活动。

危机应对实训课学员交流处置方案

（四）遵循规律，创建专业训练模式

为推进干部专业训练系统化、规范化，渝北区委党校立足实训教学基本特点，依托现有设施设备，积极探索模拟教学一般规律，努力找寻符合干部培训需要的模拟教学模式和方法，

最大限度呈现模拟教学的魅力和特色。媒体沟通实训模拟教学，采取最易于干部接受、最能放大培训效果的"1+3+5"培训模式。"1"即以"一个突发事件"为案例。"3"即开展记者现场采访、专题访谈和新闻发布会三种模拟训练，并区分不同环节的训练侧重点。记者现场采访重在锻炼学员在突发事件中的应急反应能力、表达能力和媒体形象塑造；专题访谈和新闻发布会则侧重学员的综合分析能力、表达能力和媒体形象塑造。三种模拟形式可以在一堂课中同时演练，也可以依据学员需求选择其中一种。"5"即教学环节设计为知识讲授、分组讨论、现场模拟、回放点评和再一次现场模拟五步。科学的模拟设计，实现了在有限时间放大相应能力实训的效果，更加体现了模拟教学的整体性、连贯性、针对性和实效性。危机应对实训模拟教学，采取"3+1"培训模式。"3"是课程内容三大块：第一块集中介绍突发事件、应急维稳的整体形势；第二块是课程的重点，通过两至三个场景的模拟演练，以真实案件（如贵州瓮安事件、安徽池州事件等）改编、综合而成的模拟素材，将学员分成不同的小组，每个小组扮演不同的角色，面对所发生的突发事件进行研究会商，拿出应对方案，各小组之间通过打擂台，竞赛二至三轮；第三块是教师结合模拟演练阶段学员所提供的意见、观点、建议，进行一个总结。"1"主要是课程的中间部分，充分利用实训室的多媒体设备，创设各种突发群体性的逼真情景，通过模拟演练、边学边练、边练边学，训练和提高学员对突发事件的应对能力。

媒体沟通实训课学员模拟新闻发布会

（五）注重关键，强化专业训练环节

一是激发出学员动机。致力于调动学员参与课程的积极性，实训教师在充分了解学员学习需求的基础上，因班、因事、因人设计课程内容，为不同培训对象量身定做模拟培训内容。每期培训班，实训团队都要对参训学员的构成、来源、需求等方面进行较为深入的分析研判，并依据培训对象适时调整相关教学内容，修正相关实训环节。二是营造良好的学习氛围。针对不同培训对象，通过学员介绍等"破冰"活动，打破学员相互之间的陌生感，促进互相熟悉，增进学员之间的感情和了解，营造良好的学习气氛，为取得良好的培训效果打下基础。三是把握住角色定位。教师在教学中做到以学员为中心，有效开展课程设计、教学组织、课堂引导以及总结点评等多项工作，做好教学活动的设计者、组织者、引导者、促进者等多重角色。四是还原来真实场景。让模拟演练课堂尽可能逼真，比如教学

案例的选择来自真实发生的案例（如渝北的龙兴事件、北京金水桥事件等），媒体沟通实训室有多重幕布场景布置等，精心选择案例，同时做好学员分组、背景材料发放等前期准备工作。

三、突出"四个专"，深化专业训练内涵

习近平总书记在党的十九大报告中提出，"建设高素质专业化干部队伍"，这为新时代干部队伍建设指明了方向。九龙坡区委党校按照《2018—2022年全国干部教育培训规划》要求，紧扣重大决策部署，突出问题导向、实践导向，组织开展务实管用的专业化能力培训，引导干部丰富专业知识、提升专业能力、锤炼专业作风、培育专业精神。

（一）丰富专业知识

完善"1+3"课程体系。九龙坡区委党校紧扣中心、服务大局，设置了专业化能力"1+3"课程体系，帮助学员构建、丰富、更新专业知识结构。"1+3"课程体系中，"1"即以学习贯彻习近平新时代中国特色社会主义思想为课程主线，"3"即聚焦中央和市委重大决策、突出区域发展热难点问题、结合行业特色工作经验。聚焦中央和市委重大决策方面：设置了"五位一体"总体布局和"四个全面"战略布局、我市"三大攻坚战""八项行动计划"和成渝双城经济圈建设等方面的课程。突出区域发展热难点问题方面：聚焦九龙坡区"九龙一坡"十项重点任务、"三高九龙坡，三宜山水城"建设、"五五部署"等区域发展重点工作开展培训。结合行

业特色工作经验方面：放眼全国，学习上海深化"放管服"改革、苏州乡村振兴之路、广州招商引资实战经验、浙江智慧城市管理等先进地区经验；放眼全市，学习江北区"老马工作法"、沙坪坝区基层社会治理、璧山区产城融合发展；放眼全区，学习九龙坡区"老杨群工"新时代枫桥经验、文旅融合发展、开放性经济建设等。九龙坡区委党校共打造了80余门覆盖面广、研究度深的课程专题，围绕提升专业训练实效，建设多层次、多渠道、全方位的专业化能力师资库，针对性开展教学。

　　围绕教学布局，建强师资队伍。专家学者讲理论，广邀中央党校、全国知名高校的专家学者从世界眼光、政治定位和理论渊源等方面为学员作全面解读，引导学员学习党的创新理论往深里走、往实里走、往心里走。领导干部讲策略，结合领导干部上讲台要求，优选一批实战经验强、授课艺术佳的领导干部作为党校客座教师，如：九龙坡区级党政领导干部等从统揽全局的高度解读区域发展的重点和难点；九龙坡区发展改革委、九龙坡区教委、渝州路街道、陶家镇等镇街领导讲解九龙坡各战线改革发展的创新路径。一线工作者讲方法，如：时代楷模、"老马工作法"创始人马善祥，"重庆市三八红旗手标兵"贺明凤，"老杨群工站"站长杨永根，讲解基层工作经验；阿里巴巴农村电商负责人、"车库咖啡"重庆负责人，讲授电商扶贫和创新创业趋势。通过上述方式，学员丰富了从全局谋划一域、以一域服务全局的专业知识。

优秀学员学习心得交流

（二）提升专业能力

按照习近平总书记"加强中国特色新型智库建设"和"大兴调研之风"的要求，九龙坡区委党校通过"五步工作法"，深耕学员智库平台，提升学员专业能力。第一步，听专题报告。由区委研究室领导讲授九龙坡区如何对接落实成渝地区双城经济圈建设，确定研究主题。第二步，学决策咨询方法。由市委党校资政好手讲解如何撰写资政报告，掌握写作要点和调研方法。第三步，做结构化研讨。党校实训团队带领学员运用头脑风暴法、团队列名法、四副眼镜法等研讨工具，查找问题、分析原因、得出对策，明确课题思路。第四步，搞基层调研。学员针对课题深入各镇街、四川美术学院、西南铝业集团等处开展调研，收集整理资料，丰富课题内容。第五步，形成课题报告。每个小组最终形成一篇针对性强、操作性强的高质量课题报告，通过智库评审优选后作为学员智库的成果。此外，九龙坡区委党校指导和组织学员撰写"金点子"建议，其中"24小时在线政府"建议被区政务服务办采纳并已建成了"24小时服务专区"。智库平台促进了学员将理论与实践相结合，提升了学员助推区域高质量发展的专业能力。

（三）锤炼专业作风

九龙坡区委党校坚持按照"培训内容紧扣实际、培训方式注重实战、培训效果突出实效"的办学理念推进体验式教学，锤炼学员的专业作风。一是规划布局区域特色现场教学基地。按照全区"生态繁花、工业火花、文化百花"的"三朵花"理念，着力突出九龙坡区实践特色，规划布局新时期九龙坡区高质量发展新实践特色现场教学基地，形成传统工业转型升级、地摊经济、网红经济、志愿者服务文化、城市生态文明建设等特色教学基地。如地摊经济观察中，九龙坡区委党校组织学员实地调研科园四路市级夜市一条街、黄桷坪艺术市场、马王乡夜市等地，聆听镇街领导讲解，深入掌握"夜间经济"新业态。二是扎实推进实岗锻炼。好干部是"炼"出来的。九龙坡区委党校以"开展一次业务交流，参与一项具体工作，解决一个工作难题，提出一个改进建议，撰写一篇总结报告"的"五个一"培训任务为指引，坚持通过实岗锻炼将学员送往基层一线、"吃劲"岗位磨炼意志，历练本领作风。如第十八期中青班进驻区信访办、高新区国际企业孵化园、留学生创业园党群服务中心、区行政服务中心4个点，赴镇街、村居、企业、商会、农贸市场走访50多次，参与化解原歇台子村集体资产处置等矛盾纠纷；第十九期中青班在区信访办现场维稳处突7次，圆满化解

新闻发布会演练

1起涉外企业劳资纠纷案，协调兑现重庆清研理工智慧工厂设计研究院补贴资金300万元，帮助盘龙新城社区引入市级微型少年宫项目，推动世界500强企业沃尔玛山姆店落地盘龙新城。这一系列举措培养了学员在学中干、在干中学、学用结合、知行合一的专业作风。

（四）培育专业精神

九龙坡区委组织部和区委党校优选各领域各行业实战经验丰富的学员，以微课堂的形式分享一线工作经验和感悟，以互动答疑的方式促进学员之间"学学相长"，激发专业精神。在处级领导干部培训班，学员代表围绕"抗击新冠肺炎疫情，我在第一线"这一主题开展了经验交流与分享。学员在课堂上交流了自己的"抗疫工作105天"，点滴细节让人感动。在处级非领导职务干部培训班，数名在"吃劲"岗位上的优秀模范与学员交流了"如何不负组织期待，更好发挥作用"。学员们从自己的心路历程和工作状态说起，鼓励非领导职务干部再接再厉，在人生新阶段展现新精神面貌。这些交流学习进一步提升了学员"干一行、爱一行、精一行"的专业精神。

学员开办的"求实论坛"

四、聚焦重点，提升专业训练实效

党的十九大报告强调，注重培养专业能力、专业精神，增强干部队伍适应新时代中国特色社会主义发展要求的能力。近年来，南岸区委党校始终坚持"党校姓党"这一根本政治属性，在抓好主业主课的基础上，突出抓好专业训练，不断丰富干部专业知识，提升干部专业能力，培养干部专业精神，为南岸区建设高素质专业化干部队伍建设作出了有力贡献。

（一）把专业训练"实"起来

培训主题是干部培训的核心。专业训练具有目的性强、指向性明、延伸性广的特点。南岸区委党校始终紧扣全市中心工作，瞄准改革发展稳定"三大主题"，在主体班中严格落实20%能力培训内容，在专题班中精心设计培训课程，推动专业训练走深走实。

一是聚焦深化改革方向。改革是时代发展的主旋律。党的十八大以来，习近平总书记反复强调干部抓改革的责任，不断压实干部肩上全面深化改革的担子。为落实全面深化改革各项任务，南岸区委党校先后举办PPP投融资、公共文化服务、"以案四说"、新时代文明实践中心建设、"林长制"等深化改革专题培训班13个，培训干部达2 200余人，引领广大干部理清改革思路，坚定改革方向，深化改革措施，提高领导和推动改革能力。比如，针对建设创新型城区目标，举办创新驱动发展战略专题培训班，汇聚南岸改革发展金点子73条，推动建立了南岸区改革建言献策"直通车"，促进了以改革攻坚为导向的干部选拔任用、考核表彰机制的形成，营造了"激励干部充分展现才干、大力创新创业"的氛围。

二是聚焦高质量发展方向。高质量发展是推动经济转型升级的必由之路。聚焦南岸区构建大数据、大健康、大生态、大文旅、新经济"四大一新"高质量发展目标，南岸区委党校在课程设计上按照宏观架构、中观思路、微观措施三个梯度将其分为5G应用、现代服务、生态文明等5大类、23项具体内容，

参观华为公司

借助市内高校、重庆通信产业研究院等平台，引进和构建新业态新技能专业训练课程 37 门，帮助干部弥补知识空缺、能力短板和经验盲区。近五年来，为整体提升干部信息化能力，持续举办"物联网产业与智慧城市发展""中国智谷（重庆）建设"等专题班，组织处级领导干部、职能科室负责人 330 余人到北京、深圳等 7 个信息产业发展先进地区学习参观，不断提升干部参与经济转型升级发展的动力与能力。

三是聚焦维护稳定方向。社会稳定、国泰民安既是广大人民群众的美好期盼，也是我们党治国理政的重要目标。南岸区委党校从创新社会治理的生动实践入手，对标对表"三事分流"工作机制、"三调合一"、社会心理服务体系建设、应急管理工作、信访工作、养老服务体系建设等关系社会稳定的民生项目，成功举办"全科窗口""依法行政""社区治理"等专题培训班 11 期、培训干部 3000 余人次，为南岸区多个社区、街（镇）荣获人民网、中央党校（国家行政学院）联合主办的"全国创新社会治理典型案例"最佳案例，以及为南岸区成功申报第四批中央财政支持开展居家和社区养老服务改革试点地区、创建和谐劳动关系综合试验区、创建国家公共文化服务体系示范区、创建全国一流的市域社会治理现代化城区提供了人才支撑。

（二）让专业训练"强"起来

培训过程是干部培训的关键。按照"抓过程就是抓落实"的原则，南岸区委党校坚持抓好训前调研、训中服务、训后回访的全流程、全链条培训质量保障环节，确保专业训练见真见效。

一是抓好训前调研，弄懂需求才能满足要求。"干什么学什么，缺什么补什么"是干部培训的基本原则，训前调研是专业训练不容缺失的基本环节。为此，应做到三个方面的准确把握。第一，准确把握中心工作。每年南岸区"两会"结束后，第一时间邀请区委研究室、区改革办等相关领导到党校传达精神，引导全校教职工真正把握全市关心关注的重点工作，明确专业训练导向。第二，准确把握部门意图。针对纪检、城市管理、司法等职能部门举办专题培训班的需求，前期主动对接，明白专题培训的重点是什么，要达到什么目标，在反复沟通协调后形成培训方案。第三，准确把握学员需求。明白学员"缺什么"，需要"补什么"。每年春秋季主体班开学前，由分管教学、科研的校领导牵头，组成调研组，到学员单位实地走访，详细了解学员的意见建议，通过调研，增强教学设计的科学性、针对性、规范性。

二是抓好训中服务，精细服务才能成就精彩。现代培训理念要求：好的培训者首先是一个"服务者"而不是"管理者"。专业训练中，南岸区委党校坚持精细服务理念，提升培训效果。在对位服务中体现精细。比如，针对人数达 100 人以上的专业训练班次，每个培训班精选 2 名班级管理经验丰富的教师分别担任班主任和辅导员；学员分为多个小组，每个小组 10 人左右，分别由党校选派 2 名年轻教师作为工作人员进行跟班联系、全程服务。新老搭配、分组服务模式破解了 100 人以上的大班管理难的问题。在培训细节中体现精细。在专业训练中，细节很大程度上决定了训练质量的高低。比如，在开展大数据智能化专题培训中，根据分工方案，直接把任务分到每个人头，以清晰的责任界限精确传导工作压力。要求负责现场教学的教师必须提前 2～3 天联系相应的教学点并进行踩点工作，要求负责小组讨论的教师提前预备好教室、摆放好座牌，组织学员有效进行交流讨论，从而有力地确保专业训练效果的达成。

三是抓好训后回访，持久联系才能持续发酵。培训在时间上有终止点，但在效果延伸上没有"休止符"。不管是主体班还是专题班培训结束后，南岸区委党校建立训后回访机制，定期对教师和学员开展实地或电话回访，建立起师生"连心桥"。以此为起点，党校可以为学员及所在单位提供持续的"智力"支持，学员也可以为党校的教学、科研、资政工作提供源源不

城投金卡活动现场

断的实践平台和生动素材。学员们深情地表达："在党校这个平台上，工作时的同志化为学习时的同学，在未来的征程中仍然要携手共进，一起创造南岸的美好明天。"

（三）使专业训练"活"起来

培训方式是干部培训的重点。新颖、丰富的教学方式方法，才能让专业训练精彩纷呈、活力迸发。南岸区委党校上下协调、内外兼修、宽严互动，在培训途径的多样性上做文章，促进专业训练落地落细。

一是上下协调，引进新颖方式。争取分管区领导的政策支持，谋求市委党校、在区高校相关专家教授的智力支持，加强与南岸区委组织部、南岸区人社局等部门的横向联系，统筹学员群体的强大资源，在主体班次中逐年降低传统讲授式教学比例，在专业训练中大幅度增加"案例式"、结构化研讨、情景模拟等新型教学方式比例。比如，在招商引资专题培训班中，创新地将"行动学习法"贯穿教学始终，结合学员入学时"三带来"确定子课题，分成工具学习、异地调研、项目总结三个阶段。通过近半年的"行动学习法"，学员真正掌握了招商引资的政策法规、理论理念、实战方式。仅该班次通过头脑风暴法就提出招商引资意见 100 多条、重点关注问题 20 余条，学员通过对"行动学习法"材料进行整理和汇编，形成资政报告 11 篇，其中有 2 篇获南岸区主要领导肯定性批示，有 3 条意见建议转化为南岸区招商引资的具体工作举措。

二是内外兼修，推进学思结合。南岸区委党校投资 50 余万元，建成心理实训室，有效开展干部心理咨询与情景实训，深受学员欢迎。持续 6 年打造"物联网产业发展与智慧城市建设"现场教学基地，"体验""参与"特色被《学习时报》报道，每年培训对象达 2 000 人次，并且接待了俄罗斯、越南、老挝等国外培训班次，受到中共中央对外联络部领导充分肯定。同时，整合全市优质干部培训资源，建成 228 门课程、137 名教师，涵盖调查研究、身心健康与调适、团队组织管理等 12 种通用能力的专业训练课程师资库。如，为增强干部公共服务能力，邀请区人社局、区卫生健康委等 11 个部门的业务骨干走上党校讲台，针对"城乡低保政策""职介系统介绍及演示"等 21 项窗口服务内容开展对口培训，接地气地进行专训，对促进南岸区窗口服务工作的学以致用、训后即用起到了极大作用。1 个月以上的主体班均安排不低于 7 天的市外考察学习，主要目的地多选择市外知名大学、高新技术企业、省部级培训机构，促进学员在知识上"充电"，让学员学有所思、学有所获、学有所成。

三是宽严互动，营造良好氛围。在专业训练课程中，有意识地营造师生之间、班级内部之间的宽松学习氛围。比如，着力推进"2+X"教学模式，即教师理论讲授 2 小时，剩余的"X"（不低于 30 分钟）由教师与学员通过问答、讨论、演练、论辩等形式进行课题互动。与传统的"灌输式"教学相比，"2+X"课堂的宽松氛围更容易让学员在专业训练中碰撞出思维火花，探讨出问题答案。坚持"好学风保障好质量"的理念，将"从严"二字贯穿于干部教育培训全过程。充分运用"南岸智慧党校"App，将考勤、考试、满意度测评等培训指标进行整合，以微信、短信、LED 大屏等进行警示与公告，对违纪情形严重的学员一律反馈给所在单位以及组织纪检部门，用严明的纪律、严谨的作风确保形成浓郁的学习氛围。

学员集体活动

附录 1

加强干部专业训练的系列课程

　　课程打造是做好干部培训的基础保障和重要支撑，党校（行政学院）历来重视课程打造，将其作为提升干部培训质量的重要抓手。为满足新时代党员干部培训需求，中共重庆市委党校（重庆行政学院）在专业训练课程建设中坚持需求导向、问题导向和效果导向，持续完善课程框架、不断丰富课程体系，形成了一批干部专业训练优质课程。在此，我们收录了"加强专业训练　提升治理水平""增强领导干部媒介素养　提高政务舆情治理能力""领导干部心理健康与压力管理""城市公共安全治理""新媒体时代党的群众工作研究"5 门比较有代表性的课程，供大家学习交流。

加强专业训练　提升治理水平

谢　菊[1]

　　自 2013 年党的十八届三中全会第一次明确采用"治理"这一概念之后，治理引起了社会的广泛关注。党的十九届五中

---

[1]　谢菊：女，1965 年 12 月生，中共重庆市委党校（重庆行政学院）应急管理培训中心主任，公共管理学教授。

全会更是将"基本实现国家治理体系和治理能力现代化"列入 2035 年基本实现社会主义现代化的远景目标。作为治理体系运行的关键行动者，领导干部治理水平的高低，直接关系着国家治理体系和治理能力现代化的进程，关系着中华民族的伟大复兴。

一、领导干部加强专业训练、提升治理水平的时代背景

领导干部加强专业训练、提升治理水平是党的十八大以来党中央的新要求，也是人民群众的新期盼和应对风险社会挑战的新需要。

（一）领导干部加强专业训练、提升治理水平是党的十八大以来党中央的新要求

党的十八届三中全会勾画了到 2020 年全面深化改革的时间表和路线图，提出了"国家治理""政府治理""社会治理"等重要概念和目标。在党的十八届三中全会第二次全体会议上，习近平总书记指出，坚持把完善和发展中国特色社会主义制度，推进国家治理体系和治理能力现代化作为全面深化改革的总目标。这个总目标回答了推进各领域改革最终是为了什么、要取得什么样的整体效果。国家治理体系和治理能力是一个国家制度和制度执行能力的集中体现。国家治理体系是在党领导下管理国家的制度体系，是一整套紧密相连、相互协调的国家制度；国家治理能力则是运用国家制度管理社会各方面事务的能力。推进国家治理体系和治理能力现代化，就是要使各方面制度更

加科学、更加完善，实现党、国家、社会各项事务治理制度化、规范化、程序化，善于运用制度和法律治理国家，提高党科学执政、民主执政、依法执政水平。

在 2017 年召开的中共十九大上，中央在强调"国家治理""政府治理""社会治理"的基础上，提出了"社区治理""环境治理"和"全球治理"等重要内容。2019 年党的十九届四中全会提出我国国家治理体系和治理能力是中国特色社会主义制度及其执行能力的集中体现。全会还指出："通过加强思想淬炼、政治历练、实践锻炼、专业训练，推动广大干部严格按照制度履行职责、行使权力、开展工作，提高推进'五位一体'总体布局和'四个全面'战略布局等各项工作能力和水平。"这是对领导干部提高治理能力的明确要求。

2020 年党的十九届五中全会上，"推进国家治理体系和治理能力现代化"成为中央关于"十四五"规划纲要建议中的重要内容。十九届五中全会还提出"国家治理效能""基层治理水平""科技治理体系""城市治理水平""特大城市治理""生态环境治理""区域协同治理""全球经济治理体系""国际金融治理""推进市域社会治理现代化"等重要概念，对领导干部治理水平提出了更高、更具体的要求。

（二）领导干部加强专业训练、提升治理水平是人民群众的新期盼

习近平总书记指出，为什么人、靠什么人的问题，是检验一个政党、一个政权性质的试金石。"检验我们一切工作的成效，最终都要看人民是否真正得到了实惠，人民生活是否真正得到了改善，人民权益是否真正得到了保障。"实现国家的现代化，是中国共产党建立新中国以后历代领导人所追求的核心目标，并为此先后制定了"两步走"设想（从 1964 年到 2000 年）、"三步走"战略（从 1980 年到 2050 年）、"两个一百年"奋斗目标（从 2000 年到 2050 年）和"三阶段"战略（从 2020 年到 2050 年）。

"两步走"设想（从 1964 年到 2000 年）于 1964 年提出。早在 1956 年中共八大就提出"四个现代化"的目标，1964 年第三届全国人大第一次会议进一步提出实现"四个现代化"目标的"两步走"设想：第一步用 15 年时间，建立一个独立的比较完整的工业体系和国民经济体系；第二步，力争在 20 世纪末，全面实现农业、工业、国防和科学技术的现代化，使我国经济走在世界的前列。"三步走"战略（从 1980 年到 2050 年）是改革开放之后中央针对当时的基本国情提出的。1987 年中共十三大作出了社会主义初级阶段的基本判断，提出了经济建设的总体战略部署，大体分"三步走"：第一步，到 1990 年实现国民生产总值比 1980 年翻一番，解决人民的温饱问题；第二步，到 20 世纪末，使国民生产总值再增长一倍，人民生活达到小康水平；第三步，到 21 世纪中叶，人均国民生产总值达到中等发达国家水平，人们生活比较富裕，基本实现现代化。1997 年中共十五大在前两个目标已提前实现的基础上，提出了"两个一百年"奋斗目标：到建党 100 年时，使国民经济更加发展，各项制度更加完善；到建国 100 年时，基本实现现代化，建成富强民主文明的社会主义国家。此后，经过党的十六大、十七大、十八大对第一个百年目标即全面建设惠及十几亿人口的更高水平的小康社会目标的设计，使全面建设小康社会的标准更高、更均衡、更可持续。经过党的十八大、十九大，第二个百年目标进一步拓展为富强民主文明和谐美丽的社会主义现代化强国。"三阶段"战略（从 2020 年到 2050 年）即党的十九大报告提出的 2020 年全面建成小康社会、2035 年基本实现社会主义现代化和到本世纪中叶（2050 年）全面建成社会主义现代化强国。

经过多年始终不渝的奋斗，中华民族终于迎来了从站起来、富起来到强起来的伟大飞跃。今天我国的经济实力、科技实力、综合国力跃上了新的台阶，我国社会主要矛盾已经转化为人民日益增长的美好生活需要和不平衡不充分的发展之间的矛盾。人民不仅对物质文化生活提出了更高要求，而且在民主、法治、公平、正义、安全、环境等方面的要求日益增长，领导干部的治理能力必须适应我国社会主要矛盾的变化。

（三）领导干部加强专业训练、提升治理水平是应对风险挑战的新需要

新时代社会风险的全球化、多元化、虚拟化、易发性和耦合性等特征，给现有的风险治理体系带来了很大的挑战。2019年 1 月习近平总书记在省部级主要领导干部坚持底线思维着力防范化解重大风险专题研讨班开班式上指出，要"提高防控能力，着力防范化解重大风险"。党的十九届五中全会指出，当今世界正经历百年未有之大变局。一方面，国际环境日趋复杂，不稳定性不确定性明显增加，新冠肺炎疫情影响广泛深远，经济全球化遭遇逆流，世界进入动荡变革期，单边主义、保护主义、霸权主义对世界和平与发展构成威胁。另一方面，在我国已转向高质量发展阶段的同时，发展不平衡不充分问题仍然突出。全会要求全党要统筹中华民族伟大复兴战略全局和世界百年未有之大变局，深刻认识我国社会主要矛盾变化带来的新特征新要求，深刻认识错综复杂的国际环境带来的新矛盾新挑战，增强机遇意识和风险意识。

应该说，新冠肺炎疫情的暴发是对全球社会治理的一次大考。新冠肺炎疫情发生以来，在党中央的领导下，中共重庆市委团结带领全市人民，构建了由党委总揽全局的疫情防控领导体系，实施了非常态下党政齐抓共管的政治动员，通过政策供给促进疫情防控的有效协同，取得了我市抗击新冠肺炎疫情的重大战略成果，为今后推进我市的治理实践积累了宝贵财富。如何有效做好疫情防控常态化，完善突发公共卫生事件应对体制机制，寻求最有效的治理方式，是各级领导干部必须予以解答的重大问题。

二、当前领导干部加强专业训练，提高治理水平存在的主要问题

当前领导干部加强专业训练，提高治理水平存在的主要问题，一是理念层面存在认识误区，二是实践层面存在畏难情绪。

（一）理念层面存在认识误区

当前领导干部在治理理念层面存在的主要问题是对"治理"内涵的理解不够透彻，甚至有个别领导认为从"管理"到"治理"不过是换了一个说法而已。20 世纪 90 年代正式登上历史

舞台的治理理论的核心内涵，在于其既重视发挥政府功能，又重视多元主体相互合作、共同管理的方式和理念。"治理"是特定范围内各类权力部门、公共部门以及各类社会组织的多向度相互影响，是公共事务相关主体对于国家和社会事务的平等参与，是各类主体围绕国家和社会事务的协商互动。"治理"的提出是理念上的一个巨大进步，有利于促进社会参与、激发社会活力，更好维护人民群众的利益，并使相应的国家和社会治理创新的外延得到极大拓展[1]。

（二）实践层面存在畏难情绪

坚持"十四五"时期经济社会发展指导思想，实现"十四五"时期经济社会发展主要目标，需要各级领导干部从"管理"走向"治理"，以创新的胆略和勇气推进治理工作。一些领导干部不能正确认识具体工作领域面临的风险挑战，怕出乱子，怕担责任，不愿意在治理过程中主动探索；一些领导干部在治理的实践层面，在处理具体问题时面临本领短板，比如维稳与维权的关系如何处理？习近平总书记指出，单纯维稳，不解决利益问题，那是本末倒置，最后也难以稳定下来。因此，维权是维稳的基础，维稳的实质是维权。要重视疏导化解、柔性维稳，注重动员组织社会力量共同参与，发动全社会一起来做好维护社会稳定的工作。在实践层面，许多领导干部还面临如何形成多元协同的治理格局、如何为治理提供有效的法治保障等现实问题。

---

[1] 马庆钰.如何认识从"管理"到"治理"的转变［N］.人民日报，2014-03-24（07）.

三、领导干部加强专业训练，提高治理水平的思考

领导干部加强专业训练，提高治理水平，首先要在思想上牢固树立现代治理理念，其次要在实践中努力打造共建共治共享的社会治理格局，最后要积极探索治理的路径方法。

（一）牢固树立现代治理理念

社会主义现代化国家的建设是党领导下多元主体参与的伟大事业。一方面，党的领导是中国特色社会主义最本质的特征，是中国特色社会主义制度的最大优势。提高领导干部的治理水平，首先就是要提高政治站位，坚持党的领导，发挥党总揽全局、协调各方的领导核心作用，增强"四个意识"、坚定"四个自信"、做到"两个维护"，完善上下贯通、执行有力的组织体系，提高推进各项工作的能力和水平，确保党中央决策部署有效落实。另一方面，实现"十四五"规划和2035年远景目标，必须在党的领导下，充分调动一切积极因素，广泛团结一切可以团结的力量，形成推动发展的强大合力。这就要求领导干部走出传统管理的路径依赖，改变以往"政府包揽一切"的职能错位，按照党的十九届四中全会所提出的，"完善党委领导、政府负责、民主协商、社会协同、公众参与、法治保障、科技支撑的社会治理体系，建设人人有责、人人尽责、人人享有的社会治理共同体"。

"治理"的着眼点是促进社会参与。习近平总书记指出，提高改革决策的科学性，很重要的一条就是要广泛听取群众意见和建议，及时总结群众创造的新鲜经验，充分调动群众推进

改革的积极性、主动性、创造性，把最广大人民智慧和力量凝聚到改革上来，同人民一道把改革推向前进。"治理"的着力点是激发社会活力。习近平总书记指出，社会治理是一门科学，管得太死，一潭死水不行；管得太松，波涛汹涌也不行。要讲究辩证法，处理好活力和秩序的关系。从"管理"转变为"治理"，就是要突出国家和社会事务的共治，并为此构建多元主体共同参与的平台、完善多元主体平等协商的机制，从而激发社会活力。"治理"的落脚点是增进人民福祉。各级领导干部要按照《中华人民共和国国民经济和社会发展第十四个五年规划和2035年远景目标纲要》明确提出的要求，坚持尽力而为、量力而行，健全基本公共服务体系，加强普惠性、基础性、兜底性民生建设，完善共建共治共享的社会治理制度，制定促进共同富裕行动纲要，自觉主动缩小地区、城乡和收入差距，让发展成果更多更公平惠及全体人民，不断增强人民群众获得感、幸福感、安全感[1]。

（二）努力打造共建共治共享的社会治理格局

"打造共建共治共享的社会治理格局"最早由习近平总书记在党的十九大报告中提出。在这之前，党的十七大和十八大报告都提的是"实现发展成果由人民共享"，党的十八届五中全会调整为"构建全民共建共享的社会治理格局"。应该说，上述提法的变化不仅是文字层面的，更体现了中央对公共治理理念的认同、对社会主要矛盾变化的深刻认识。

---

[1]　中华人民共和国国民经济和社会发展第十四个五年规划和2035年远景目标纲要[N].人民日报，2021-03-13（01）.

"共建"强调多元主体共同参与社会建设，解决的是社会建设多元格局问题。社会建设不只是党委和政府的责任，而是社会各方的责任，要充分认识社会力量在社会建设中的重要作用。在教育、医疗、就业、健康、社会保障以及社会服务等领域，要坚持政府主导，推进政社合作，为市场主体和其他社会力量发挥作用创造更多机会。《中华人民共和国国民经济和社会发展第十四个五年规划和 2035 年远景目标纲要》明确提出，区分基本与非基本，突出政府在基本公共服务供给保障中的主体地位，推动非基本公共服务提供主体多元化、提供方式多样化。在育幼、养老等供需矛盾突出的服务领域，支持社会力量扩大普惠性规范性服务供给，保障提供普惠性规范性服务的各类机构平等享受优惠政策。鼓励社会力量通过公建民营、政府购买服务、政府和社会资本合作等方式参与公共服务供给。

"共治"强调共同参与社会治理，解决的是社会治理结构体系问题。随着我国社会主要矛盾的变化，人们对民主、法治、公平、正义、安全环境的要求越来越高。这就要求党委政府坚持多元治理格局，完善多元参与机制，为社会力量参与社会治理创造条件，要健全党组织领导的自治、法治、德治相结合的城乡基层社会治理体系，夯实基层社会治理基础，健全社区管理和服务机制，全面激发基层社会治理活力。

"共享"强调共同分享社会建设成果，解决的是社会建设和社会治理的目标问题。中央明确提出坚持把实现好、维护好、发展好最广大人民根本利益作为发展的出发点和落脚点，促进共同富裕。改革开放以来，我国经济社会快速发展，但发展不平衡不充分问题仍然突出，特别是城乡区域发展和收入分配差距仍然较大。为此，要优化民生保障的举措，创新改善民生的思路，实现更加充分更高质量就业，提高基本公共服务均等化水平，健全多层次社会保障体系，巩固拓展脱贫攻坚成果，全面推进乡村振兴战略。

（三）积极探索治理的路径方法

习近平总书记强调，"治理和管理一字之差，体现的是系统治理、依法治理、源头治理、综合施策"。新冠肺炎疫情的突然来袭，重庆和全国一样，常态的治理体制机制在特殊环境中经受了巨大压力和考验，重庆市委市政府与全市人民在这种非常环境中进行了一系列有效的治理创新。结合中央的要求和我市疫情期间治理的经验，下一步，我市应在以下方面进行治理路径方法的探索。

一是从社会建设全局高度全面推进社会治理。社会建设涵盖的任务包括社会保障、就业创业、卫生健康、脱贫攻坚、公共服务、基层自治、矛盾调处、防灾救灾、社会治安等方面。这些任务之间既相对独立又相互联系，既有民生发展也有平安建设，既有治本的侧重也有治末的补充，是源头治理、系统治理和综合治理的重要依据。从系统论角度看，社会建设是五大建设领域之一，社会治理则是社会建设的一部分。推进社会治理，需要将其纳入全市社会建设的总体框架，并与政治建设、经济建设、文化建设、生态文明建设协调并进，让重庆真正形成"五位一体"的总体布局。

二是将基层社会治理作为治理格局的关键点。社会建设的重要领域是社会治理，社会治理的重要领域是基层治理，城乡社区既是公共服务和社会治理政策措施的终端界面，又是制定各项政策措施的基本依据。基层服务与治理是否到位，直接影响执政根基是否牢固。基层社会治理虽然普遍强调基层群众自治和社区各类自治组织的多元参与，但却是目前我市社会建设和社会治理的最大短板。我市要以推进基层社会治理为关键点，按照相关规制政策，进一步推进基层治理的多元参与，增强社会活力，在厘清党政机构、各类基层群众自治组织之间的性质差异和职能分工基础上，建立基于党建政治引领的良好政社合作关系。

三是建立社会力量参与市域社会治理的协同机制。社会组织是我国社会主义现代化建设的重要力量，也是社会治理的重要主体和依托。中央明确提出，促进社会组织健康有序发展，有利于厘清政府、市场、社会关系，完善社会主义市场经济体制；有利于改进公共服务供给方式，加强和创新社会治理；有利于激发社会活力，巩固和扩大党的执政基础[1]。得益于改革开放的环境和中央与地方的政策促进，我市各类社会组织规模和能力都有不断增长，成为我市社会建设和治理主体的重要成员。"十四五"期间，政府关于社会组织发展的制度环境需要进一步优化，要尊重社会组织的主体地位。目前最迫切的任务是贯彻中央关于官办社会组织"脱钩改革"的方案，通过落实"政社分开"实现社会组织去行政化；通过落实"权责明确"实现合理的政社关系；通过"依法自治"激发社会组织活力；

[1]　关于改革社会组织管理制度促进社会组织健康有序发展的意见[N].人民日报,2016-08-22(01).

通过"法治保障"，实现社会组织的健康有序发展。

四是完善重庆应急规制和应急管理体系。突发公共事件因其性质和程度的不同，导致波及范围、资源整合和应对指挥压力的不同。根据突发事件的一般、较大、重大、特别重大的不同严重程度，指挥难度、指挥强度、指挥层次也会有所不同。这次新冠肺炎疫情属于特别重大突发公共卫生事件，其严重程度打破了原有指挥体系框架，促成了党委领导的介入，这一临时性领导体制的安排，更有利于调动一切资源投入疫情防控。下一步，要完善我市应急管理制度，建立党委领导的应对突发事件领导小组，构建统一指挥、专常兼备、反应灵敏、上下联动的应急管理体制；要对应突发事件的严重程度和响应级别，确立相应的应急指挥权限，启动相应层级的应急指挥机制；要抓紧修订突发事件应对条例，完善专项应急预案体系，健全市域应急物资储备机制和跨区域应急联动机制，建立重庆社会力量参与防灾减灾救灾的协调机制。

推荐阅读书目：

1. 习近平 . 习近平谈治国理政［M］. 北京：外文出版社，2014.

摘要：该书收入了习近平在 2012 年 11 月 15 日至 2014 年 6 月 13 日期间的重要著作，共有讲谈、谈话、演讲、答问、批示、贺信等 79 篇，全书分为 18 个专题。

2. 习近平 . 习近平谈治国理政：第二卷［M］. 北京：外文出版社，2017.

摘要：该书收入的是习近平在 2014 年 8 月 18 日至 2017 年 9 月 29 日期间的重要著作，共有讲话、谈话、演讲、批示、贺电等 99 篇，全书分为 17 个专题。

3. 习近平 . 习近平谈治国理政：第三卷［M］. 北京：外文出版社，2020.

摘要：该书收入了习近平在 2017 年 10 月 18 日至 2020 年 1 月 13 日期间的报告、讲话、谈话、演讲、批示、指示、贺信等 92 篇，全书分为 19 个专题。

4. 中共中央党史研究室 . 中国共产党的九十年［M］. 北京：中共党史出版社，党建读物出版社，2016.

摘要：该书介绍了 1921—2012 年中国共产党的历史，全书分为新民主主义革命时期、社会主义革命和建设时期、改革开放和社会主义现代化建设新时期三册，共 60 余万字。

备课参考书目：

1. 习近平 . 习近平谈治国理政［M］. 北京：外文出版社，2014.

2. 习近平 . 习近平谈治国理政：第二卷［M］. 北京：外文出版社，2017.

3. 习近平 . 习近平谈治国理政：第三卷［M］. 北京：外文出版社，2020.

4. 中国共产党第十九届中央委员会 . 中共中央关于制定国民经济和社会发展第十四个五年规划和二〇三五年远景目标的建议［M］. 北京：人民出版社，2020.

5. 詹姆斯·N. 罗西瑙 . 没有政府的治理［M］. 张胜军，刘小林，等译 . 南昌：江西人民出版社，2006.

增强领导干部媒介素养　提高政务舆情治理能力

文茂伟[1]

　　数字技术、网络技术和移动通信技术的迅猛发展直接催生传播媒介巨变，新的媒介情境为人民群众履行知情权、参与权、表达权和监督权提供了方便，与此同时，公权力行使的理念、方式和过程被放置在聚光灯和放大器之下。当代国家治理必须与传播媒介互动，与已经同时具备受众和传播者双重身份的大众互动。在这个"治理媒介化"时代，领导干部的媒介素养成为其必备的基础素养。要增强领导干部的媒介素养，已经不能局限于训练应对传统媒体的技能，还必须从全方位的基本能力素质修炼着手，实现内外兼修。本课程主要内容包括以下三个内容：准确认识当前的媒介生态、增强媒介素养的内功修炼和增强媒介素养的行为策略。

一、准确认识当前的媒介生态

　　习近平总书记曾指出，提高国家治理能力，"只有以提高党的执政能力为重点，尽快把我们各级干部、各方面管理者的

[1]　文茂伟：女，1974 年 5 月生，中共重庆市委党校（重庆行政学院）公共管理学教研部教授，领导教育学专业博士。

思想政治素质、科学文化素质、工作本领都提高起来"。不难理解，就政务舆情治理而言，提高各级领导干部的相关能力素质十分关键。领导干部相关能力素质的高低直接关系着政务舆情治理能力建设。与舆情治理相关能力素质的基础就是领导干部的媒介素养。

具体而言，何谓领导干部媒介素养呢？首先考察一个学术界共同认可的经典定义：媒介素养就是指人们对于媒介信息的选择、理解、质疑、评估的能力，以及制作和生产媒介信息的能力。这个定义提出于20世纪90年代，我们认为，在互联网新媒体兴起后的媒介生态中，它依然具有生命力。

这是一般意义上的媒介素养定义，领导干部群体的媒介素养具备什么特定内涵呢？不妨把领导干部媒介素养置于当前的媒介生态中加以认识，再下定义。按照以上一般定义，媒介素养离不开媒介信息，而各类媒介信息总是存在于一定的媒介生态中的，因此，领导干部媒介素养是什么，如何增强媒介素养？我们获得答案的前提和基础是准确认识当前的媒介生态。认识当前的媒介生态有很多角度，涉及多学科，且各学科分析重点不尽相同。本课程以"实践为导向"，立足历史比较与政府治理的视域。

（一）基本特征：传播主体多元化，展开竞争与制衡

所谓生态，简洁地说，就是有机系统中各种要素及其相互关系的状况。采用历史比较的视角，我们可以发现，与专业媒体掌控传播渠道的大众传媒时代比较，今天的媒介生态，最大特点就是传播主体多元化，展开竞争与制衡。

在当前的媒介生态中，就社会公众而言，其特征就是，凡是基本跨越技术门槛的社会公众都是传播主体，理论上能够做到所有人向所有人传播信息，现实中，如果你拿出的信息足够引人关注，就可以获得大范围传播。在媒介平台上，公众个体的表达汇聚为群体表达，群体表达达到一定程度就构成舆情。所谓政务舆情，就是公众围绕公共事务的"认知、态度、意见、情绪和行为倾向"的表达汇聚。

就专业媒体而言，其占据中心位置、垄断传播的日子一去不复返，专业媒体仅是多元传播主体中的一元。现在，大量新闻是自媒体甚至是当事人首发，专业媒体只是跟进者。当然，专业媒体在多元传播格局中仍具有重要地位。

就政府而言，在大众传媒时代，对于舆论监督，地方政府主要是要处理好与国家通讯社地方分社、中央媒体驻地方记者站的关系，对于异地媒体的批评性调查报道和新闻评论，则可以通过宣传部门进行协调，现在局面纷繁复杂，受到网络舆情冲击已是常态。整个政府体系，包括各级党委、各级政府、人大、政协、检察院、法院、军队直至事业单位，公共权力行使的理念、方式和过程都要经受即时呈现与随时追问。

对于传播主体多元化，需要高度重视的是，技术是中性的，在向社会赋权的同时，也向政府赋权，政府在新的媒介生态中同样可获得传播主体地位，可以通过政府自媒体进行直接传播。于是，如何用好政府自媒体便成为一个重大课题。

（二）众声喧哗的媒介生态中，政务舆情治理的现实困境

习近平总书记要求"各级党政机关和领导干部要学会通过

网络走群众路线"、国务院要求"进一步做好政务舆情回应工作"。我们调研发现，当前政务舆情治理主要存在三个方面现实困境：一是个体能力有所欠缺，二是体制机制尚存障碍，三是社会协同仍显不足。

在新的媒介生态中，要提升政务舆情治理能力，领导干部乃至普通公职人员均需要增强以媒介素养为基础的舆情治理能力素质，这方面有待提升的空间还不小。除此之外，政府组织内部传统以地域和部门区隔建立的管理体制也制约着政务舆情的有效治理，一些地方"多龙治水"与"无人管事"现象并存，而且政府内部不同系统间的协作不够，缺乏有效的横向联动机制，尚未形成治理合力。政府体系是媒介生态系统中的关键要素，作为政务舆情治理的主导力量，还需要充分认识到各类媒体组织和社会力量（包括社会组织、民间意见领袖以及普通公众）都是政务舆情治理的主体，需要建立起与这些多元主体协商对话、相互合作的伙伴关系，实现对政务舆情的共管共治。

（三）政务舆情治理能力建设基本路径框架

针对当前政务舆情治理存在的现实困境，应该坚持标本兼治、整体治理、协同治理和系统整合的价值取向，应从三条基本路径进行政务舆情治理能力建设。一是提升人力资本——增强公务员政务舆情治理能力素质；二是强化组织资本——完善政务舆情治理制度与文化；三是增进社会资本——构建政府主导政务舆情治理网络。

在以上政务舆情治理能力建设基本路径框架之下，增强领导干部媒介素养十分重要，是提升人力资本的关键所在，也是强化组织资本和构建社会资本的基础工作。

（四）增强领导干部媒介素养，需要内外兼修

至此，我们对领导干部媒介素养做如下定义：领导干部媒介素养是指领导干部在政务及相关情境中，为实现治理目标，选择、理解、质疑、评估媒介信息的能力；制作和生产媒介信息的能力；以及组织领导他人实现以上目标的能力。相较于媒介素养的一般定义，我们在运用和生产媒介信息两个层次之外，增加领导干部"组织领导他人实现以上目标"内容，这是由领导干部的职责所界定的。

不难理解，政务舆情回应的实质就是制作和生产媒介信息。因此，在今天这个"治理媒介化"时代，即便是在回应舆情的层面，领导干部的媒介素养也不再局限于同专业媒体"打交道"的技能，必须从基本能力着手进行修炼，媒介素养与治理能力直接关联。领导干部要增强媒介素养，需要内外兼修。

二、增强媒介素养的内功修炼

结合中央对领导干部的要求和经验材料中反映的领导干部媒介素养的不足，我们认为领导干部媒介素养内功修炼有以下五个重点。

（一）在价值层面，把舆论监督作为"要认真研究和吸取"的政治资源

2016 年 4 月，习近平总书记在网络安全和信息化工作座谈会上的讲话指出："网信事业要发展，必须贯彻以人民为中心的发展思想"，"让互联网成为我们同群众交流沟通的新平台，成为了解群众、贴近群众、为群众排忧解难的新途径，成为发扬人民民主、接受人民监督的新渠道"。领导干部要充分认识到，在对社会赋权的同时，新技术、新媒介、新平台为推进国家治理现代化、转变政府职能、建设法治政府提供了新工具、新资源。在价值定位上，领导干部要坚定不移、毫不动摇立足"立党为公，执政为民"的宗旨，把舆论监督作为"要认真研究和吸取"的政治资源。如果做不到这点，领导干部就难以正确对待信息技术革命、互联网新发展、政务舆情和网上网下互动的社情民意。

习近平总书记高度重视互联网的监督功能，强调"要把权力关进制度的笼子里，一个重要手段就是发挥舆论监督包括互联网监督作用"。习近平总书记还说："对互联网监督，不论是对党和政府工作提的还是对领导干部个人提的，不论是和风细雨的还是忠言逆耳的，我们不仅要欢迎，而且要认真研究和吸取"，要求"各级党政机关和领导干部特别要注意，首先要做好"。

自互联网兴起与发展以来，各级领导干部从一开始对互联网监督不适应，感到焦虑甚至反感，到今天基本上能做到正确对待，认识与应对均有很大进步。但是，在思想上，距离习近平总书记把互联网监督作为"要认真研究和吸取"的政治资源的要求，仍有一定提高空间，需要进一步修炼并落实在行动上。

（二）遵循新发展理念的内在要求，不激发与激化二元结构矛盾

党的十九大报告指出：中国特色社会主义进入了新时代，我国社会主要矛盾已经转化为人民日益增长的美好生活需要和不平衡不充分的发展之间的矛盾。党中央的这一精准把握时代脉动的重大论断对领导干部增强媒介素养具有指导意义。

领导干部增强媒介素养，在获得价值层面的正确认识之后，还要建立具有可操作性的基本准则。改革开放以来，我国各项事业取得了巨大成就，但由于发展不平衡不充分，也累积了大量二元结构矛盾。大量二元结构矛盾相互纠结，矛盾套矛盾形成链条。二元结构矛盾激化，往往牵涉作为治理主体的政府，甚至让公权力成为直接责任主体。我们统计发现，自进入改革的攻坚期、矛盾的凸显期以来，大多数政务舆情围绕二元结构矛盾酿成。

面对新形势、新任务，党中央总揽全局、协调各方，党的十八届五中全会提出创新、协调、绿色、开放、共享发展理念。在新发展理念指引下，我国经济社会将通过发展转型消解累积的矛盾。在此背景下，面对围绕二元结构矛盾酿成政务舆情的现实状况，体现为行为准则的领导干部媒介素养应该是：头脑中绷紧一根弦——遵循新发展理念的内在要求，不激发与激化二元结构矛盾。

（三）加强情商修炼，增强与公众的共情

领导干部媒介素养提升的关键内容之一是加强情商修炼，永远不要失去与公众的共情。共情是指在他人没有言说的情况

下体会到其感受。共情是形成各种社会技能的基础。共情并不意味着一定要同意他人的观点，而是表现出对他人感受和需求的理解。

提升共情能力有两个关键点：一是培养高超的提问能力，二是培养高超的倾听能力。培养高超的提问能力重在培养提出高质量"开放式问题"的能力。培养高超的倾听能力的关键在于具备空杯心态，明确倾听的唯一目的是理解，而不是评论。

（四）在公共服务与公关管理相关认识上做到与时俱进

认识是言行的基础，个别基层领导干部面对媒体监督，声称"威胁我就是威胁党"，这属于绝大多数领导干部不会犯的低级错误，但是，深层次的认识滞后在部分领导干部中仍然存在。因此，要避免因"雷语"而成为新闻当事人，领导干部首先要在公共服务与公共管理相关认识上与时俱进。在今天的媒介情境中，认识水平的高低直接体现为媒介素养的高低。

不仅基层官员需要提高认识水平，中高级官员乃至政府新闻发言人同样需要提高认识层面的媒介素养。例如，2013 年 5 月 19 日 22 点 49 分有关部门新浪官方微博证实我方渔船被邻国越境抓扣，所发信息中被扣渔船是"个体渔船"的表述受到网民批评，理性、温和的评论为"在两国外交领域只有国民，没有经济成分，不管是国营还是个体，都是中国的一分子"。这条信息的撰写者、审定者触碰国有经济与民营经济二元结构矛盾而不知，对外交公共品属性不敏感，可见提高媒介素养首先需要深化认识。领导干部从反思角色与职能的角度提高媒介素养，需要对照服务型政府的内在要求，逐一分析发现认识误区与不足。

（五）培养"直升机视野"和系统的治理思维

领导科学研究发现,提高领导者认知技能的关键是形成"直升机视野"。所谓"直升机视野"指既能透视给定边界内事物又能发现不同边界内事物之间联系的能力——既见树木又见森林。一些网民批评上述案例中有关部门所发我国渔船被扣押的微博信息是"官老爷口气",相关人士或许有动辄得咎的委屈感,因为该渔船的确属于个体经济性质,但是,从"发现不同边界内事物之间联系的能力"角度看,他们没有看到将引发的连锁反应,即缺乏"直升机视野"意义上的媒介素养。

事实上,近年不少负面舆情形成与当事人囿于单一边界认知有关,领导干部通过媒介传递出的认知、观念和态度将受到跨业务、跨界别、跨区域的审视,在此意义上,媒介素养表现为准确预判舆情反应的能力——这是提高领导干部媒介素养的重点之一,一旦领导干部该方面能力得以"补差","刺激"受众、引起批评的新闻将大幅减少。

三、增强媒介素养的行为策略

领导干部媒介素养内功修炼是基础,价值观、行为准则、认知能力和情商的形成与培养目的在于以适当的行为匹配媒介情境,辨识和运用、生产与传播媒介信息,包括领导组织相关活动,实现治理目标。我们可以把以内功修炼为基础的行为策略视为领导干部媒介素养的外功。它们与一个阶段政务舆情治理的紧迫任务紧密相连，具有实践性、动态性、操作性，其宗旨是解决问题。我们认为，当前阶段，在行为策略上，领导干部增强媒介素养，要着重处理好五个问题，围绕它们切实提高本领。

（一）及时回应政务舆情

面对政务舆情，必须积极发声，紧握话语权，不能缺席。《国务院办公厅关于在政务公开工作中进一步做好政务舆情回应的通知》（国办发〔2016〕61号）对政务舆情的回应时间作出了具体规定，且态度十分坚决，提出可以包容失误但绝不允许不回应政务舆情。

不回应舆情的后果是酿成政府治理危机、地区与城市危机。这方面的一大教训来自山东省青岛市。2015年"十一"期间发生的青岛大虾事件本是消费者与经营者的纠纷。经营者价格违法，在不事先告知的情况下以大虾每只计价38元宰客。外来游客通过自媒体诉说委屈后，迅速形成舆情。如果青岛市政府及时表态依法处理，舆情会很快消退，网民甚至会给予点赞。然而，青岛市区两级政府及其相关职能部门迟迟不发声，致使舆情愈演愈烈呈现井喷，矛头直指政府不作为，进而娱乐化、恶搞化，各种段子层出不穷，致使青岛形象严重受损，连带山东省政府精心打造的"好客山东"品牌亦受损。对此《人民日报》刊发文章批评青岛市政府公权力麻痹，让"天价大虾"像狗皮膏药一样糊在美丽的海滨城市脸上。

（二）控制政务舆情的新闻性

增强媒介素养的一个关键行为策略是控制政务舆情的新闻

性。政务舆情相关的信息无法完全屏蔽，但政务舆情的新闻性可以控制。新闻是对受众经验、常识、情感与价值观构成冲击与挑战的信息。控制新闻性就是通过消解负面新闻要素使其丧失新闻价值。

控制新闻性的最适当方式是"笔墨官司笔墨打"。这方面河南省三门峡市应对《南风窗》杂志失实报道是正面典型。2013 年 8 月 28 日《南风窗》刊发报道《村官腐败透视》包含三门峡市"村支书性侵村民留守妻子"不实内容，9 月 2 日各门户网站竞相以《村支书性侵村民留守妻子：村里一半都是我的娃》为题转载，一时间舆情沸腾。三门峡市党委政府被陡然推上应急管理的风口浪尖，却没有乱了方寸，一天之后在新浪微博平台发布"情况说明"，用事实陈述方式逐一指出《南风窗》报道失实之处。该"情况说明"发出后，收到了调动积极因素、多元共治舆情的效果。一些媒体人质疑《南风窗》的职业伦理，要求其对三门峡市的"情况说明""给个回应"。9 月 9 日，《人民日报》发表评论文章《敲响"新闻想象学"丧钟》指出，《南风窗》把村支书私底下吹牛的话当成新闻事实写进报道，折射出"新闻想象学"思维。

（三）避免在舆情处置过程中制造新的负面新闻

在舆情处置过程中出现新的负面事件会导致舆情叠加甚至出现失控的"舆情雪崩"。对领导干部而言，杜绝下级部门和工作人员在政务舆情处置过程中酿成"次生危机"首先是要强化管理。

这方面的一个负面案例发生在旅游热点城市云南省丽江

市。2017年2月25日，因为游客投诉率长期高居不下等原因，原国家旅游局严重警告丽江古城5A级景区。当日，丽江古城区委宣传部官方微博@古宣发布表态诚恳接受上级的处理决定。在这条官方表态的评论区内，有网民留言称"永远不会去的地方就是丽江"，@古宣发布回复"你最好永远别来，有你不多无你不少"，这一情绪管理失控的发泄性回复立即被网民截图转发，引发次生舆情。之后丽江古城区委宣传部否认截图的真实性，申明"网传截图所言并非我部所言"，并称保留依法追究造谣个人和机构的权利，再次引发次生舆情。事实是回复确为该部人员所发并非被盗号。27日，丽江古城区委出面"止损"，宣布宣传部副部长和外宣办主任停职检查，并进行党纪立案，责令宣传部深刻检讨、吸取教训，严防类似问题再次发生。丽江古城区委的处理决定仍由@古宣发布发布，令丽江地方政府形象严重受损。

（四）管好政务自媒体

　领导干部媒介素养的重要方面就是领导组织媒介信息生产与传播。政务自媒体的功能是生产与传播媒介信息，因此，领导干部必须管好自媒体。而实践中，领导干部，特别是分管自媒体的领导干部普遍反映管理政务自媒体是一项全新的挑战。

　针对领导干部如何管好政务自媒体问题，我们基于调查研究提出以下建议：要像管理专业媒体那样管理政务自媒体。自媒体也是媒体，要按照媒体的规定性加以管理。专业媒体有编辑方针、目标任务、规章制度、工作程序、传播什么、怎样传播、什么底线不能触碰、什么信息不能漏发等规定，自媒体也应该具有必备的规定性。现在，部分政务自媒体随意性仍然较大。管好自媒体，第一步应该向本地党报、党刊学习取经，建章立制。另外，人力资源是第一资源，办好自媒体必须培训与招募政治素质高、业务能力强，既通晓媒介生态又熟悉治理事务的政府媒体人。

（五）面对非理性舆情，运用自然冷却法

对于政务舆情，必须及时回应，该政务公开的政务公开，该澄清事实的澄清事实，该解释说明的解释说明，该表达态度的表达态度。但是，政务舆情回应是一个动态的过程，在舆情的流变、演化的全过程中，是否要对所有的网民意见汇聚都予以回应呢？或者换个角度提问：政府会不会面临一种局面，做了该做的全部事情，网民意见汇聚仍不满意呢？这种时候，该怎么办？经过反复思考，并与一些同行和资深媒体人共同研究，我们形成了一个观点：面对非理性舆情，可以采用让其随时间消退的自然冷却法。如果该说的都说了，其后每多说一句话，都会引起新的舆情反应，那就不必再说什么。需要强调的是，采用自然冷却法是对非理性舆情的理性应对，不回应不等于不继续关注舆情的流变、演化。

这方面一个具有说服力的案例是福建省厦门市陈水总案。2013 年 6 月 7 日陈水总在厦门 BRT 快 1B 线公交车上纵火，造成他本人在内 47 人死亡。事件起因是陈水总要求公安机关把户籍年龄改大一岁以便办理退休，却提供不出证明材料，诉求不成后悲观厌世、祸害无辜。惨案发生后，厦门市公安局成为舆情责问对象。在厦门市公安局澄清事实、解释说明之后，一定数量的网民仍认为未给陈水总改年龄是悲剧的导火索，厦门市公安局负有很大责任，这无疑属于非理性舆情。对于无理抨击，厦门市公安局没有再做任何回应，而是让舆情随时间淡出。

四、结语

综上所述，我们把领导干部媒介素养和政务舆情治理能力建设置于当前的媒介生态中，从四个存在递进关系的层面进行了考察；结合党中央对领导干部能力素养的要求和经验材料中反映出的领导干部媒介素养的不足，提出了领导干部媒介素养内功修炼的五条重点内容；基于对现阶段政务舆情治理紧迫任务的认识，建议领导干部强化行为策略、做好五项工作。

本课程属于"能力提升"板块，按照学术界的认识，领导者能力素质提升主要在工作情境中通过学习实践实现，正式培训是帮助领导者提高学习实践质量的促进性事件。希望围绕主题提供的框架性分析能够为增强领导干部媒介素养、提高政务舆情治理能力提供有效帮助。

推荐阅读书目：

习近平.论党的宣传思想工作［M］.北京：中央文献出版社，2020.

摘要：该书收入了党的十八大以来习近平同志关于党的宣传思想工作的文稿共52篇，其中部分文稿是首次公开发表。

备课参考书目：

1. 习近平．习近平谈治国理政［M］．北京：外文出版社，2014.

2. 习近平．习近平谈治国理政：第二卷［M］．北京：外文出版社，2017.

3. 朱春阳．新媒体时代的政府公共传播［M］．上海：复旦大学出版社，2014.

4. 郎劲松，侯月娟．政府传播［M］．北京：中国人民大学出版社，2015.

5. 喻国明，李彪．社交网络时代的舆情管理［M］．南京：江苏人民出版社，2015.

6. 张志安，曹艳辉．政务微博微信实用手册［M］．广州：南方日报出版社，2014.

7. 曾润喜．热点事件网络舆情的传播与治理［M］．武汉：华中科技大学出版社，2017.

8. 唐涛．网络舆情治理研究［M］．上海：上海社会科学院出版社，2014.

领导干部心理健康与压力管理

唐　溢[1]

2016 年 10 月，中共中央、国务院发布的《"健康中国

[1]　唐溢：男，1985 年 7 月生，中共重庆市委党校（重庆行政学院）应急管理培训中心讲师，应用心理学博士。

2030"规划纲要》要求"加大全民心理健康科普宣传力度，提升心理健康素养"。另外，习近平总书记在十九大报告中强调，要"加强社会心理服务体系建设，培育自尊自信、理性平和、积极向上的社会心态"。领导干部作为社会主义建设的先锋，提升他们对心理健康问题的识别和干预能力，增强他们的心理健康能力，将非常有助于干部队伍执政能力的提升。本课程首先结合现实中的事例和研究成果讨论心理健康的重要性，然后从工作、生活以及个性特征等方面综合讨论领导干部所面临的心理压力特点，以"心治国治"为基础论点，与领导干部分享如何构建强大的心理基础，最后，有针对性地介绍了压力识别、运动减压、规律作息、情商提升、情绪觉察疏导、接纳自我六个方面的压力管理技巧，使领导干部掌握行之有效的解压方法，引导领导干部追求阳光心态，提升工作生活品质。

一、心理健康的重要性

（一）心理健康是生命健康的基石

第一，心理健康与生理健康关系密切。

世界卫生组织在 1992 年发表的《维多利亚宣言》提出，个人的健康有四大基石，包括合理膳食、适量运动、戒烟限酒和心理平衡。心理平衡就是心理健康，这充分体现出心理健康在人生健康中的重要性，任何人在生活和工作中都要重视心理健康。另外，积极心理学的研究也表明，当一个人的身体健康出现一些问题，如果他拥有积极乐观的心理状态，那么他也能够获得积极的治疗结果，但如果他的心理健康状态也存在问题，那么治疗的结果将会大打折扣，甚至会加速病情的恶化。比如，经常在我们身边发生的癌症病人突然死亡的事情，往往都是患者在得知自己患了癌症后，心理健康状态出现急剧恶化，导致医学治疗不能够发挥有效的作用，更有甚者会选择采取极端的方法结束个人生命的情况，这都体现出一个人心理健康的重要性。这提示我们，在很多时候我们需要从心理健康的视角，来看待我们的生理健康问题，重视心理健康对我们的身体健康大有好处。

第二，未及时接受心理干预是导致严重后果的主要原因。

从公开报道的数据，我们发现，2009年至2016年，公开报道的非正常死亡的240多位领导干部中，非正常死亡的原因很多都涉及"压力大""抑郁症"等关键词，特别是2015年与2016年的报道内容显示，心理健康是导致领导干部非正常死亡的重要原因。这提示，领导干部可能存在对心理健康关注较少的现象。我们的调研显示，抑郁症发作的平均病程为4个月，如果能够在早期及时发现自己的心理健康问题，正视自己的心理健康问题并寻求专业的心理干预，结果可能不会如此严重。而社会（特别是领导干部）普遍存在对心理健康问题和心理干预的畏惧心理，调研显示，在我国患有重度抑郁症的患者在12个月内接受专业心理干预和治疗的人不到20%，这与发达国家存在非常明显的差异，大家害怕在自己患有抑郁症之后主动告知周围的人，2017年的数据显示，我国大概有5 400万人存在广泛的抑郁状态。

第三，抑郁障碍（MDD）诊断标准。

调研数据显示，大概有 75% 的人不知道一个人的心理出现了什么样的表现就是抑郁状态。另外，有 60% 的人会认为中度或重度抑郁症可以自愈，这种认为可以自愈的观念会导致很多人不主动寻求专业的心理援助和心理干预，让抑郁症状越来越严重。抑郁症需要医疗专业人士或者专业心理咨询师根据个体的状态进行诊断，不过我们可以根据以下情况对一个人的心理健康状态进行观察，进而评估一下自己或他人的状态是否存在抑郁倾向。具体的标准为，如果一个人的心理行为在最近的两周（14 天）内出现 5 项或更多以下症状，其中至少出现①或②中的一项，那么他可能存在抑郁倾向，需要及时就医进行进一步的诊断：

①几乎每天中大部分时间情绪低落，例如每天都有主观表现（感觉悲伤、空虚、绝望）或别人观察到的现象（如表现出哭泣）。（注：儿童和青少年，可表现为情绪烦躁。）

②几乎对每天中所有的活动都失去兴趣或乐趣（主观感觉或别人观察到的）。

③在不节食时出现严重体重减轻或体重增加（如一月内体重变化超过 5%）或几乎每天都会出现食欲增加或食欲不振。（注：儿童需要考虑出现体重不能增长情况。）

④几乎每天都失眠或嗜睡。

⑤几乎每天都有精神运动性激动或迟缓（通过别人观察，不仅是主观感受不安或迟缓）。

⑥几乎每天都感到疲劳或乏力。

⑦几乎每天都感觉无用、多余或不适当的罪恶感（可能是妄想），不仅是自责或生病内疚。

⑧几乎每天都出现思考、集中注意力减弱，或犹豫不决（主观感受或通过别人观察）。

⑨反复考虑死亡（不仅是害怕死亡），反复出现自杀企图（伴有 / 无特定计划）。

当然，不包括显然是因一般疾病或心境不协调引起的妄想或幻觉症状。最重要的是，如果根据以上症状的对比，大家怀疑某人存在抑郁倾向，一定要到正规的医院进行诊断后，再进行相关的干预和治疗。

（二）良性压力是维持心理健康的重要能量来源

第一，工作压力是领导干部心理问题的主要来源。

领导干部遇到的压力大致可分为三类：工作压力、工作之外的压力（如家庭压力、人际关系压力等）和性格特征导致的心理压力（如耐挫力、自我期望等）。已有的关于领导干部的心理压力调查显示，领导干部队伍中认为"工作压力是自己心理健康问题来源"的占比将近 90%，其次是体制机制、经济压力、亲情关怀、个人素质等，也就是说，领导干部需要多方位地提升自己的心理抗压能力。

第二，挑战性压力源是领导干部主要的工作压力源。

在所面临的压力中，心理学家将压力分为挑战性压力和阻碍性压力。其中，挑战性压力是"好"压力，对我们的职业发展与工作绩效有利，同时与创新行为存在正相关，它包含需要完成的项目或任务的数量，花费在工作上的时间，在规定时间必须完成的工作量，感受到的时间紧迫性，所承担的责任大小，岗位所涵盖的责任范围等。众所周知的"1万小时定律"强调，一个人要想成为行业专家，必须正确利用好这些良性压力。

第三，新时代全面从严治党带来的适应性压力。

调研显示，当前领导干部面临的压力特点与新时代全面从严治党息息相关。在当前环境下，领导干部从心态上拥抱变化，在思想上主动适应环境要求，在行动上主动调整自己的习惯，都是领导干部适应压力的重要方向，从学习与历练的角度，有效转化压力为动力。

第四，及时调适压力是保持心理健康最重要的方法。

心理学的研究表明，我们在工作中所遇到的压力并非越小越好，也不是越大越好，压力与工作状态之间存在倒"U"形关系，也就是说，当我们的压力状态适中时，我们的工作效率最高，工作成就感强，要是我们面临的压力超过了合适的压力状态，我们的效率就会降低，同时心理状态会随之变差。综合来讲，在合适的压力状态下，行为表现最好，而压力继续增大，会导致疲劳与耗竭，因此需要我们对自己的承压状态进行科学的评估，当压力超过了自己的阈限后，就要及时调整压力状态，不要让压力继续增加而导致心理健康状态下滑，甚至崩溃。

二、治心是领导干部新时代有新作为的保障

俗话说，"治天下者先治己，治己者先治心"，另一相似的表述是"修身，齐家，治国，平天下"。个人、组织与国家在心理健康方面互为因果，个人心治会导致组织高效、氛围和谐，进而国家太平昌盛，而国家的太平昌盛又会使人感受到更多幸福感、获得感与成就感。中国科学院傅小兰教授的团队认为，"心安国安，心治国治"，这提示，治心是我们领导干部在新时代有新作为的重要保障。

（一）治己之心，"立德"为先

领导干部立德，首先要立政德，习近平总书记强调，领导干部要"明大德，守公德，严私德"。其中，明大德就是要筑牢理想信念、锤炼坚强党性，心中有党、对党忠诚。守公德就是要全心全意为人民服务，立党为公、执政为民。严私德就是要廉洁修身、廉洁齐家。其次要树良好家风，家风好就能家道兴盛、和顺美满。家风差，往往会殃及子孙、贻害社会。特别是领导干部，我们的家庭行为，有时会对社会产生广泛的影响，不关注家风建设的领导干部往往会产生严重的问题。

（二）治己之心，"立志"为本

哈佛大学做了一个长达 25 年的追踪研究，发现个人的目标感会决定其命运。他们发现，毕业生中有 27% 的人"没有任何人生目标"，结果 25 年后他们变成了"抱怨他人、抱怨

社会、抱怨世界没给他们机会"的人，占 3% 的那些"有长远清晰目标"的毕业生，最后变成了企业领袖、社会精英。这告诉我们，在人生的任何阶段，我们都要有明确的个人目标，我们应该像国家设定五年规划一样，以五年为周期做好自己的目标规划。我们的目标规划至少应包括三个维度：工作目标、家庭目标和个人目标。

（三）治己之心，"立行"力为

不要低估自己的个人行为能量。当自己有优秀的品行并想付诸行动的时候，一定要有"重要的事情做三遍"的勇气与耐心，因为当我们在变革的初期，一定有人不能理解我们，甚至反对我们，但是如果我们能够从心底相信自己能够成功，同时以身作则地践行我们的理念，付诸行动，让他人看到我们的努力，就可以事半功倍地影响他人。

为之于未有，寻找与新事物的交集。《之江新语》中的文章"要讲究领导艺术"将领导干部分为三类。第一类，眼光敏锐，见微知著，"为之于未有，治之于未乱"，防患于未然，化解于无形，开展工作有板有眼，纵横捭阖，张弛有度。第二类，工作勤勤恳恳、忙忙碌碌、夜以继日，天天加班加点，虽然工作的预见性、敏感性不足，但问题暴露后，尚能及时采取措施，妥善加以解决。虽不能举重若轻而显得举轻若重，但"勤能补拙"，仍不失为勤政的干部。第三类，见事迟，反应慢，发现不了问题，出了问题后，或手足无措，或麻木不仁。我们每一个领导干部，都要努力学习，加强实践，不断提高领导水平，力求最高境界，力戒第三种情况。

（四）治己之心，"乐观"为怀

拥有真诚微笑是乐观的基本体现。成人中每天微笑在20 次以上的人占 1/3，但每天微笑不超过 5 次的人还占到了14%。心理学研究显示，微笑会使人更长寿，每天微笑达到 20次以上的人，平均寿命可以达到 79.9 岁，而每天微笑不到 5 次的人，平均寿命只有 72.9 岁，这提示我们，"笑一笑，十年少"这句话是有科学依据的。当然，只有拥有了真诚的微笑，才会让我们感到快乐，而长期的假笑会让我们感到抑郁，在平时的生活中，我们评价一个人的笑是否为真诚的微笑，需要看他的笑是否满足了三个要素，即嘴角肌上扬、颧骨肌上提和眼角肌收缩。最重要的是眼角肌收缩，如果没有出现眼角肌收缩的现象，就可能是假笑，假笑会让人更加难受，因此，如果我们存在微笑困难，我们可以练习微笑瑜伽，提升我们的微笑能力。

"经常乐观"才是幸福生活的常态。接纳自己的不乐观，也是保证自己可以乐观幸福的重要方式，我们一定要接受自己存在不够乐观的状态，而不能一味地强调乐观，在生活中做到"经常乐观、偶尔悲观"就是最理想的状态，普通情况下，我们的乐观比例至少要达到"乐观：悲观 =3：1"的比例，当然，最理想的状态是"乐观：悲观 =6：1"，在这种状态下，我们作为领导干部，就能够保持良好的健康状态。

三、领导干部压力管理能力提升

俗话说：人生不如意事十有八九，常想一二，不思八九，事事如意。在生活和工作中遇到压力是常态，我们如何看待压力、如何对待压力，决定了压力是我们的动力，还是我们的阻力。本节课将向大家介绍六种减压的方式，帮助大家在今后的生活与工作中与压力和平共处。

（一）正确认识压力

我们对压力存在误解，也许会认为压力与身体无关，其实身体才是压力的一面镜子。医生约翰·辛德勒所著的《病由心生：76%的疾病都是情绪性疾病》提示我们，平时我们认为的那些与情绪无关的身体疾病，可能与我们的心理健康息息相关，比如75%的肩颈疼痛、80%的头痛和99%的胃的问题等都是情绪引起的生理问题。中医的权威书籍《黄帝内经》也提出，"怒伤肝，喜伤心，悲伤肺，忧思伤脾，惊恐伤肾，百病皆生于气"。也就是说，情绪对身体的影响甚大，我们要及时关注压力的短期（如头疼、失眠、皮肤病等）与长期生理信号（如十二指肠溃疡、心脏病等）。

（二）合理运动

坚持运动，神清气爽。心理学研究显示，相较于"一周运动3次（每次20～30分钟）"，"一周运动5次（每次20～30分钟）"的运动者的心理健康状态会出现更加明显的改变，其中"不良压力症状""易怒感""情绪紧张""抑郁""孤独感"等不好的心理状态会显著降低，而"内控""活力与精力""自尊""情趣与娱乐性""密友数量"会显著增多。因此，推荐大家在一周中能够有五天每天都运动20～30分钟，用运动的方式增强自己的身体素质和心理素质。

越来越多的研究表明，冥想是非常好的减压方式，它最大的好处是如果外面下雨或者太阳太大，这样的天气原因阻碍我们进行户外运动，就可以在室内利用最简单的方式，让自己减压和增强心理能量，在一开始练习冥想时，可以选择最简单的方式。比如，找一个舒服的地方坐好，然后闭上眼睛，将自己的注意力集中在自己的呼吸上，感受自己的呼吸。注意只是感受自己的呼气和吸气，不要尝试调整自己的呼吸，专注地体验自己身体的感受，坚持 5 ~ 10 分钟。在做冥想的时候，可以播放一些轻音乐，帮助自己快速进入状态。

（三）保持科学的生活规律

复旦大学的优秀青年教师于娟在 29 岁被查出癌症骨转移，在随后两年多的治疗过程中，写了一本书《此生未完成：一个母亲、妻子、女儿的生命日记》，在书里她说："在生死临界点的时候，你会发现，任何的加班，给自己太多的压力，买房买车的需求，这些都是浮云，如果有时间，好好陪陪你的孩子，把买车的钱给父母亲买双鞋子，不要拼命去换什么大房子，和相爱的人在一起，蜗居也温暖。"这段话让读者非常有共鸣，这本书中，她反思了自己的身体为什么会垮掉，从生活的角度，她提出不科学的生活习惯，比如饮食习惯、睡眠习惯等对自己身体的伤害甚大。而在治疗过程中改变了这些坏习惯后，她的身体状态自然地变得越来越好，推荐大家去阅读她的这本书，了解如何过好自己的规律生活。

（四）提升自我情商

有人说，一个人的成功 15% 靠智商，85% 靠情商。作为社会管理者，领导干部的情商对工作开展、压力控制更为重要。心理学研究发现，情商包括 5 个方面，具体为：认识自己的情绪，自我情感的控制，自我激励的能力，认知理解他人情感的能力和妥善处理人际关系的能力。我们首先要学会认识自己的情绪，比如自己的愤怒在哪些情况下会表现出来，忧伤在哪些状态下会持续，然后学着控制这些情绪，不让这些情绪超出一定的阈限，让这些情绪自然地消失，并且能够让自己产生积极的情绪，当我们处理好自己的情绪后，自然可以很好地感知他人的情绪并与他人和谐共处。

（五）学会觉察情绪与疏导情绪

觉察自己的情绪很重要，学会觉察他人的情绪更重要。学会觉察他人情绪会降低工作风险，我们在工作中需要根据以下原则来合理使用情绪。

一是面对自己不熟悉的人，宁可保守，不可冒进。在生活中一定要注意观察、评估对方的情绪，防止"杏仁核劫持"现象。

二是要学会与情绪容易激动的人沟通，遇到情绪激动的人，我们可以快速地用四个步骤来进行沟通，具体为：第一步，快速识别对方的情绪，包括表情（如皱眉、面部肌肉抽搐、阴晴不定等）、声调（如升高、吼叫、尖叫等）、肢体语言（如动作幅度增大、坐立不安等）；第二步，灵活转移对方的注意力（如将话题暂时转移到相对安全轻松的领域）；第三步，了解自己的情绪预警信号，有效阻断情绪失控（情绪预警信号：心跳加快、呼吸急促、感觉自己快要发火了）；第四步，如有必要的话，暂时回避，降低风险（如借口去上厕所等）。

三是接纳与发泄负面情绪。一般情况下我们都存在认识误区，认为不能有负面情绪，其实学会接纳负面情绪，掌握合理地发泄负面情绪的技巧，是我们能有效减压的关键。从徐玉玉被电信诈骗而引发的悲剧我们可以看到，允许哭比学会笑更重要，因为长期压抑情绪会形成能量"堰塞湖"，危害生命健康。巴格达蒂斯采用敲击球拍减压的方式告诉我们及时发泄负面情绪的好处，情绪的特点（你越压它，它越强烈；你越接纳理解它，它消退得越快）也决定了我们接纳它的必要性。心理学的研究表明，接受负面情绪有利于心理健康，那些回避负面情绪的人会出现较多情绪障碍。如果平时实在缺少情绪发泄的途径，通过文学、艺术（唱歌、跳舞）、电影等方式，把情绪带出来是最有效的减压方式之一。我们平时总是说要做一个理性的人，不过理性的工作者遇上感性的休闲方式后，往往能获得更大的成就，比如，钱学森对他妻子（女声乐教育家、女高音歌唱家）的评价："正是她给我介绍了这些音乐艺术，这些艺术里包含的诗情画意和对于人生的深刻理解，使得我丰富了对世界的认识，学会了艺术的广阔思维方法。正因为我受到这些艺术方面的熏陶，所以我才能够避免死心眼，避免机械唯物论，想问题能够更宽一点、活一点。"这告诉我们，多接触古典音乐，对我们的心理健康和工作成就都会非常有帮助。

（六）接纳自我

我们时刻要承认作为一个人，我们的人性是具有双面性的，人性的优点很明显，当我们表现出人性的优点（比如慈爱、同情、高尚、利他、自信、勇敢、宽容等）时，我们会很轻松，但是我们也具有人性的弱点（比如自卑、嫉妒、攻击、贪婪、胆怯、敏感、脆弱等），当我们意识到自己拥有这些弱点时，内心会泛起抵触情绪，甚至因此而让自己误入歧途。社会中的很多悲剧就是因为当事人不能接受自己的人性弱点，当我们关注自己性格的弱点后，我们的性格弱点就不会在关键的时候影响我们的行动，更不会对我们的心理健康产生明显的影响。孔子认为，我们的心理健康成长是存在一定规律的，比如"三十而立，四十而不惑，五十而知天命，六十而耳顺，七十而从心所欲不逾矩"。不过，我希望大家可以在任何时间点都能达到最好的心理健康状态，即"从心所欲不逾矩"。

我们的心理失衡往往是因为与他人攀比，而攀比时更要紧的是找错了参照系，所以要找准参照系，防止攀比失衡。四川理工学院（2018 年已更名为四川轻化工大学）原院长曾黄麟受贿 366 万，受审时说自己之所以会误入歧途，正是因为自己的攀比之心，他说："在我的脑袋里，总有一个'攀比'在作怪，我的博士同学中任何一个人，不管他在国内还是海外，没有一个人不是千万富翁。而我奋斗了一辈子，夫妻俩合伙的收入存款才不到 200 万。"正是这种攀比的心态，导致他成为阶下囚。其实，现实中大多数违纪违法的领导干部都是找错了参照系，导致心理失衡，我们一定要淡定地活在自己时区里，美好地发展。

最后，我推荐大家看一本书，心理学家维克多·弗兰克尔所著的《活出生命的意义》，他讲述了自己在德国纳粹集中营中的经历，告诉了我们他发现了让自己充满活力地活下去的动力来源，他说："有一样东西你是不能从人的手中夺去的，那就是最宝贵的自由，人们拥有在任何环境中选择自己态度和行为方式的自由。"也就是说，很多时候，我们无法改变环境，但可以改变对待环境的态度，我们在工作与生活中"要有追求完美的态度，但不要执着于结果"。其实，焦虑将伴随我们一生，我们应学会与焦虑相处，在焦虑中成长。心理学家欧文·亚隆说："一个人在多大程度上能够去尝试新方法取决于他在多大程度上能够承受住焦虑。"

推荐阅读书目：

1. 维克多·弗兰克尔. 活出生命的意义［M］. 吕娜，译. 北京：华夏出版社，2010.

摘要：弗兰克尔发现可能找寻到生命意义的三个途径：工作（做有意义的事）、爱（关爱他人）以及拥有克服困难的勇气。

2. 向红. 干部心理健康与心理调适［M］. 北京：光明日报出版社，2020.

摘要：采用高效的方法提高自我监控、自我管理的能力，提升心理健康指数，促进干部身心全面健康发展。

备课参考书目：

1. 习近平. 之江新语［M］. 杭州：浙江人民出版社，2007.

2. 王登峰. 党政领导干部个人素质与心理健康［M］. 杭州：西泠印社出版社，2010.

3. 凯利·麦格尼格尔. 自控力.2［M］王岑卉，译. 北京：印刷工业出版社，2013.

4. 查理德·格里格，菲利普·津巴多. 心理学与生活（第16 版）［M］. 王垒，王甦，等译. 北京：人民邮电出版社，2003.

5. 彭凯平. 吾心可鉴：澎湃的福流［M］. 北京：清华大学出版社，2016.

6. 向红. 干部心理健康与心理调适［M］. 北京：光明日报出版社，2020.

城市公共安全治理

孙　雪 [1]

中国共产党第十九届中央委员会第五次全体会议指出"十四五"期间，在安全领域的主要目标是"防范化解重大风险体制机制不断健全，突发公共事件应急能力显著增强，自然灾害防御水平明显提升，发展安全保障更加有力"。而城市公共安全的发展又是该目标的重要组成部分。党中央、国务院高度重视城市安全工作，习近平总书记多次对城市安全工作作出重要指示，2020 年 9 月 14 日，《国务院安委会办公室关于印发〈国家安全发展示范城市建设指导手册〉的通知》（安委办函〔2020〕56 号），要求地方政府要以国家安全发展示范城市创建工作为抓手，对标对表做好国家安全发展示范城市创建工作，推动全面提高城市安全保障水平。

---

[1]　孙雪：女，1989 年 10 月生，中共重庆市委党校（重庆行政学院）应急管理中心讲师。

一、城市公共安全治理形势

2014 年 10 月 29 日国务院印发《国务院关于调整城市规模划分标准的通知》（国发〔2014〕51 号），以城区常住人口为统计口径，把城市按照人口规模分为五类七档：城区常住人口 50 万以下的城市为小城市，其中 20 万以上 50 万以下的城市为 I 型小城市，20 万以下的城市为 II 型小城市；城区常住人口 50 万以上 100 万以下的城市为中等城市；城区常住人口 100 万以上 500 万以下的城市为大城市，其中 300 万以上 500 万以下的城市为 I 型大城市，100 万以上 300 万以下的城市为 II 型大城市；城区常住人口 500 万以上 1 000 万以下的城市为特大城市；城区常住人口 1 000 万以上的城市为超大城市。重庆的城市特点是以主城区为依托，各区县（自治县）形如众星拱月，构成了大、中、小城市有机结合的组团式、网络化的现代城市群，是中国目前行政辖区最大、人口最多、管理行政单元最多的特大型城市。2018 年 1 月，中共中央办公厅、国务院办公厅印发的《关于推进城市安全发展的意见》指出，城市公共安全的发展形势是"随着我国城市化进程明显加快，城市人口、功能和规模不断扩大，发展方式、产业结构和区域布局发生了深刻变化，新材料、新能源、新工艺广泛应用，新产业、新业态、新领域大量涌现，城市运行系统日益复杂，安全风险不断增大"。

（一）载体多，体量大

城市公共安全载体类型多，包括社区、城市基础安全设施、城市生命线系统、小商店、小餐饮场所、小旅馆、小歌舞娱乐场所、小美容洗浴场所、小学校、小医院、小生产加工企业、小仓库、"九小场所"，而且涉及的每类载体体量大。其中以社区载体为例分析：社区按照功能划分，可为城市社区、园区型社区、企业型社区、校园型社区，各类型社区体量有多大呢？有几组数据来支撑：全国层面，依据民政部 2021 年 1 季度民政统计数据，全国城市型社区是 11.3 万个，依据 2020 年度国家统计年鉴，企业型社区 377 815 个，校园型社区 522 659 个；重庆层面，依据重庆民政局 2021 年第一季度统计数据，重庆城市社区有 3 219 个，依据重庆经济和信息化委员会最新数据园区型社区 48 个，依据 2019 年重庆统计年鉴，企业型社区 6 438 个，校园型社区 9 725 个。

（二）风险多，燃点低

城市安全的风险分为城市工业企业类、人员密集区域类、公共设施类、自然灾害类。城市工业企业类风险包括危险化学品企业运行安全风险，尾矿库、渣土受纳场运行安全风险，建设施工作业安全风险等；人员密集区域类风险包括人员密集场所安全风险，大型群众性活动安全风险，高层建筑、"九小场所"安全风险；公共设施类风险包括城市生命线安全风险，城市交通安全风险，桥梁隧道、老旧房屋建筑安全风险；自然灾害类风险包括气象、洪涝灾害风险，地震、地质灾害风险。这些风险可以说是一点就燃，一燃就爆。一点就燃的例子是发生在 2010 年上海的"11·15"静安区住宅大火，一燃就爆的例子分别有 2015 年发生在天津的"8·12"瑞海公司危险品仓库特别重大生产安全责任事故、2019 年发生在江苏的响水天嘉宜公司"3·21"特别重大爆炸事故。

（三）资源散，协调慢

城市公共安全资源散主要表现在安全数据散、安全项目散两个方面。以安全项目散为例来看，在城市社区层面，创建的安全项目包括综合减灾示范社区、消防安全社区、地震安全示范社区、安全社区、平安社区等，这些安全项目建设过程中分散了城市安全资源，不能最大化发挥这些城市社区安全项目的作用。城市安全救援协调慢，据统计，当城市社区某个场域发生安全事件，需要协调救援力量到场救援，从协调时间来看，119 到达救援现场的平均时间是 10 分钟，120 到达救援现场的平均时间是 20 分钟，这个协调救援的时间与《城市消防站建设标准》（建标 152—2017）的要求"消防站的布局一般应以接到出动指令 5 分钟内消防队伍可以到达"还有一定差距，在一定程度上影响了城市安全的最佳救援时间。

二、城市公共安全治理特色

（一）治理网格化

强化网格员对城市安全生产与自然灾害、基础安全设施、综合管廊、高层建筑、"九小场所"等的巡查、劝导、制止、报告、跟踪职能，建立一种网格化、精细化的城市安全治理方式。这种方式有利于保证城市安全治理流程的源头化、治理内容的系统化、治理保障的责任化。例如，万盛经开区利用网格化治理方式，提升当地群众安全感指数达 99.43%，江津区利用网格化治理方式，提升群众安全感指数达到 99.2%，这两个区安全感指数在重庆市靠前。这两个区利用网格化的治理方式取得这么好的效果，得益于这两个区采用了有效的做法：一是五项实效制度，二是队伍保障，三是工具的运用。对于五项实效制度：万盛经开区的五项实效制度被概括为"三必问"（有无人员变化、有无生活困难、有无意见建议必问）、"三查看"（查看是否具备合法资质、是否信息发生变化、是否存在安全隐患）、"三必到"（发生突发事件、突发家庭变故、邻里发生纠纷必到）、"五必清"（清人、地、事、物、组织）、"五必报"（不稳定因素、安全隐患、意外伤害事件、诉求意见、公共设施损坏必报）；江津区的五项实效制度被概括为"一巡查"（每天至少深入网格巡查一次）、"两走访"（普通家庭每年至少走访两次）、"三必到"（发生突发事件、突发家庭变故、邻里发生纠纷必到）、"四必访"（低保、空巢老人、流动人员、重点人员必访）、"五必报"（不稳定因素、安全隐患、意外伤害事件、诉求意见、公共设施损坏必报），这两个区的制度设计为城市安全治理的源头化提供了制度参考。对于队伍保障：万盛经开区形成了"四员一长一队"（网格管理员、网格警务员、重点群体管理员、网格督导员、网格长、治安巡逻队）；江津区建立了政法书记—专干—社区巡逻队员—协管员—巡逻队—平安志愿者队伍的层级队伍体系，可以说这两个区的队伍体系设计，把城市安全治理的责任细化了。对于工具的运用：万盛经开区主要运用互联网技术来助力工作的开展；江津区主要运用传统工具来助力工作的开展。

（二）内容项目化

城市公共安全治理内容以专项行动、专项工程、专项项目、专项治理等形式进行，有针对性地策划实施安全促进项目。这样的做法保障了城市安全应急管理的重心下移、力量下沉、保障下倾。就专项工程来看，其城市安全工程有卫生城市、海绵城市、食品安全示范城市、美好生活城市等。

（三）工具智能化

2018 年 10 月 31 日习近平总书记在中共中央政治局就人工智能发展现状和趋势第九次集体学习上指出"促进人工智能在公共安全领域的深度应用"，具体在实践中的主要做法是依托互联网、物联网等，通过智能监测、智能安全服务，构建数字化、网络化、智能化城市安全网。智能监测解决高空抛物的案例：城市社区的高空抛物被称为"悬在城市上空的痛"。有些城市社区居民经常将痰液、剩饭、垃圾、烟头等物品不时"从天而降"，不仅威胁社区居民生命安全，还污染生态环境、危害公共安全。为了更好地守护城市社区"头顶安全"，国家方面也不断出台系列规定和办法，甚至通过法律手段进行约束。如在法律层面，2010 年 7 月 1 日施行的《中华人民共和国侵权责任法》，第八十七条规定："从建筑物中抛掷物品或者从建筑物上坠落的物品造成他人损害，难以确定具体侵权人的，除能够证明自己不是侵权人的外，由可能加害的建筑物使用人给予补偿。"2020 年出台《中华人民共和国民法典》中第七篇"侵权责任"第十章"建筑物和物件损害责任"，第一千二百五十四条明确规定"禁止从建筑物中抛掷物品。从建筑物中抛掷物品或者从建筑物上坠落的物品造成他人伤害的，由侵权人依法承担侵权责任"。而技术创新方面，重庆九龙坡区发明"瞭望者"系统，该系统采用计算机视觉识别技术，结合智能摄像头、智能存储等设备实现高空抛物追溯和预警，并以此为基础形成"公安—社区—物管"三方联动机制，进一步提升公共区域社会治安综合管控能力和公安机关管理服务水平。该系统最大的优势就是把被动的事后追溯变为主动的预警，便于更好地解决城市高空抛物问题，该做法得到了各方点赞。

（四）技术标准化

完善城市综合交通枢纽、隧道桥梁、管线管廊、轨道交通等基础设施技术标准、公共安全治理工作业务、流程等制度标准，助力城市安全运行。如住房和城乡建设部发布的《城市地下综合管廊运行维护及安全技术标准》、《应急管理部关于印发〈应急管理标准化工作管理办法〉的通知》（应急〔2019〕68号）等。

（五）发展国际化

依托"一带一路"、中新(重庆)战略性互联互通示范项目等，国内外机构单位、社会组织对城市开展系列安全预防、安全救助等民生安全项目，实现民心相通，合作共赢。从社会组织视角来分析，重庆蓝天救援队协助政府参与城市内涝、交通安全、卫生安全等工作，助力提升城市安全水平。如：在 2018 年万州区"10·28"重庆公交坠江事故中，重庆蓝天救援队协助政府打捞坠江公交车；在 2020 年，重庆蓝天救援队协助政府参与新型冠状病毒疫情的消杀防控工作。重庆蓝天救援队伍不仅主动"走出去"学习培训，吸取其他国家、地区社会组织参与城市安全治理的经验，还积极"走出去"参与救援服务，曾承担 2017 斯里兰卡洪灾救援、2018 老挝洪灾救援等大型灾害救援，彰显自身特色。红十字国际委员会也在中国协助地方政府建设韧性社区，提升居民防灾、减灾、救灾能力。

三、城市公共安全治理困境

这里以公共安全三角模型为工具，立足城市公共安全治理的实践，从共建共治共享三个层面剖析城市公共安全存在的治理困境。

（一）共建层面

城市公共安全共建主体包括涉及公共安全的政府管理部门、行业部门、企业园区、社会组织、居民个体等主体。实践中，城市公共安全共建主体的安全意识、安全能力、安全管理等存在治理困境。

案例 1：剖析天津港"8·12"瑞海公司危险品仓库特别重大生产安全责任事故。一方面，暴露出有关地方政府和部门存在有法不依、执法不严、监管不力等问题；另一方面，企业安全意识不强，无视安全生产主体责任，非法建设危险货物堆场，安全管理极其混乱，致使大量安全隐患长期存在。

案例 2：剖析重庆社会组织参与城市公共安全治理存在的困境。以社会组织参与自然灾害领域的安全问题进行剖析，通过课题研究，发现重庆市此类社会组织存量小、能力弱、信息化管理滞后、激励不足等问题。

案例3：对全市居民进行调研和问卷抽样，通过数据统计发现，认为安全意识重要的居民占比达73.57%，表明全市居民安全意识比较高；熟练掌握安全技能的居民占比达36.03%，表明居民安全技能掌握程度一般。

（二）共治层面

城市公共安全治理本质上是一个通过沟通，治理风险、化解矛盾、处置事故的过程。但在实践中，由于沟通渠道不畅通、沟通不及时等，引发了城市公共安全的共治困境问题。

（三）共享层面

城市公共安全共享主要表现在安全数据共享和安全文化共享两个方面。但在实践中，城市公共安全数据共享力度不够，作用发挥不充分，城市公共安全文化没有真正建立起来。重点剖析城市公共安全文化共享。

案例："10·28"重庆公交坠江事故反思安全文化的建立问题，如司机职业安全意识不牢固、乘客安全意识不牢固，引发了个体的不安全行为，也就是坠江行为发生

四、提升城市安全保障水平的经验思考

（一）强预防，源头治理

东汉思想家荀况在其政治、哲学论著《申鉴·杂言》中写道："进忠有三术，一曰防，二曰救，三曰戒。先其未然谓之防，发而止之谓之救，行而责之谓之戒。防为上，救次之，戒为下。"在城市公共安全治理方面，预防工作可从安全设施、

应急演练、宣教培训、应急预案等方面着手。

（二）控风险，全面治理

2019 年 1 月 21 日，习近平在省部级主要领导干部坚持底线思维着力防范化解重大风险专题研讨班开班式上的讲话中指出，"既要高度警惕'黑天鹅'事件，也要防范'灰犀牛'事件；既要有防范风险的先手，也要有应对和化解风险挑战的高招"。结合 2020 年 9 月 14 日国务院安委会办公室印发的《国家安全发展示范城市建设指导手册》文件精神，具体要高度警惕和化解"城市工业企业风险、人员密集区域风险、公共设施风险、自然灾害风险"等领域的"黑天鹅"事件、"灰犀牛"事件，真正把问题解决在萌芽之时、成灾之前。

（三）增韧性，系统治理

城市公共安全治理韧性是指当"黑天鹅"出现时，一般性的干扰不会影响城市基础的功能，能够在每一次大的冲击、风险中找到脆弱点，及时进行修整，城市发展具备维持力、恢复力、转型力。具体做好"十四五"期间的城市公共安全治理工作，可从两个方面着手：一方面，先期规划要有安全韧性，具体要求就是"十四五"期间，要立足城市实际情况、实践情况，可依托高校、第三方智库等力量，设计城市国土空间总体规划、综合防治减灾规划、城市安全生产规划、城市防震减灾规划、城市防洪规划、城市消防规划、城市道路交通安全规划等规划；另一方面，技术措施要有安全韧性，城市基础设施建设过程中要具备维持力、恢复力、转型力，具体可借鉴荷兰自动升降防洪堤坝的做法（受水动力驱动即可自动升降的防洪堤坝，堤坝垂直植入地下，当水位升高时，水动力会抬升超轻材料制成的坝体并高出地面，最高可达 80 厘米。随着水位回落，堤坝也将自动缩回地下）。这种技术措施，堤坝既可以应对城市洪涝灾害，也可以供城市居民观赏。

（四）重评估，依法治理

根据多米诺骨牌效应，我们对每次已经发生的城市公共安全事故，要调查根源，评估总结，追责反思，吸取教训，落实好习近平总书记所指示的"一方出事故、多方受教育；一地有隐患、全国受警示"。

推荐阅读书目：

1. 刘奕，翁文国，范维澄 . 城市安全与应急管理［M］. 北京：中国城市出版社，2012.

摘要：该书将理论与实践、国外与国内结合起来探究城市安全与应急管理领域的问题。

2. 王义保，许超，曹明 . 中国城市公共安全感调查报告（2019）［M］. 北京：社会科学文献出版社，2020.

摘要：该报告研究了城市自然安全、生态安全、公共卫生安全、食品安全、交通安全、公共场所设施安全、治安安全、社会保障安全、信息安全等现状。

3. 孙建平 . 城市安全风险防控概论［M］. 上海：同济大学出版社，2018.

摘要：该书构建了包括城市风险预警和应急在内，并且与金融保险有机结合的一个完整的城市风险防控体系。

备课参考书目：

1. 中共中央党史和文献研究院. 习近平关于总体国家安全观论述摘编［M］. 北京：中央文献出版社，2020.

2. 中共中央党史和文献研究院. 习近平关于防范风险挑战、应对突发事件论述摘编［M］. 北京：中央文献出版社，2020.

新媒体时代党的群众工作研究

杨蕾歆 [1]

党的十九大报告指出："我们党既要政治过硬，也要本领高强。"本教学专题首先分析新媒体作为技术环境、社会环境、执政环境的三种属性，认为新媒体的共享性、广泛性、互动性、便捷性在组织群众、宣传群众、凝聚群众、服务群众四个方面提供机遇，其次指出新媒体时代群众工作的三项挑战，即官方信息的权威发布遭遇"众声喧哗"的挑战、党员干部的媒介素养遭遇"本领恐慌"的挑战、群众情绪的普遍遭遇"蝴蝶效应"的挑战，最后强调各级党政机关和领导干部要做到五个自觉，即自觉运用新媒体把握社情民意、自觉运用新媒体树立政党形象、自觉运用新媒体进行舆论引导、自觉运用新媒体构建网络主阵地、自觉运用新媒体厚植执政基础。

---

[1]　杨蕾歆：女，1991 年 7 月生，中共重庆市委党校（重庆行政学院）党建教研部讲师，中共中央党校中共党史博士（在读），曾在美国哥伦比亚大学访学交流。

一、新媒体时代群众工作的重大意义

（一）运用新媒体开展群众工作是践行党的宗旨的必然要求

党的宗旨是全心全意为人民服务，新时代党的宗旨依然不变，党的群众路线这一根本也没有变。群众路线是实现党的政治路线、思想路线、组织路线的根本保证。新媒体环境下，顺应时代变革和逻辑要求，"一切为了群众，一切依靠群众，从群众中来，到群众中去"可以表述为"通过网络走群众路线，通过网络依靠群众；通过网络从群众中来，通过网络到群众中去"，这不是党的宗旨内涵的改变，而是外延的拓展，并且依然要求我们各级党政机关和领导干部坚持群众路线、树立群众观点、站稳群众立场。

（二）运用新媒体开展群众工作是增强执政本领的基本需要

党的十九大报告对新时代马克思主义执政党建设提出了一系列新论断、新要求，首次就提高党的长期执政能力水平进行了新的论述，明确提出要增强党的八项执政本领，其中谈到了两项本领，一项是增强群众工作的本领，一项是增强改革创新的本领。这两项内容，已经充分表达了新时代执政党建设的一个基本着力点，那就是运用互联网技术和信息化手段组织群众、宣传群众、凝聚群众和服务群众。

（三）运用新媒体开展群众工作是反腐败斗争的题中应有之义

在我们百年党建历史进程中，尤其是七十余年执政实践中，党紧紧围绕"建设什么样的党、怎样建设党"这两大问题，进行了艰辛探索，积累了成功经验和失败教训。而种种经验和教训的核心问题是党要始终紧紧依靠人民，始终保持同人民群众的血肉联系，一刻也不脱离群众，要做到这一点，就必须巩固发展反腐败斗争压倒性胜利。发挥新媒体的中介作用，正是畅通党政机关、领导干部与人民群众之间的信息渠道，帮助人民群众提供建议、进行监督，充分发挥人民群众在反腐败斗争中的重要作用，实现全面从严治党线上和线下的互补。

二、新媒体时代群众工作的具体内涵

回顾我们党百年的历史，可以说是一本生动的密切联系群众、践行群众路线、开展群众工作的教科书。同民心、民生、民意相关的所有内容构成了我们党的群众工作的全部，结合党的十九大报告的内容，我们着重探讨以下四个方面。

（一）新媒体的共享性为组织群众提供可能

新媒体的共享性在组织群众上主要体现为三个因素：群众因素、组织因素和技术因素。随着"两微一端"等新媒体的出现和盛行，技术因素在价值共享、关系共享、目标共享中的作用逐渐被认识到。共享性是信息传播过程中的关键词，也是新媒体最基本的特点，正是因为这一点，可以在基层组织发挥战斗堡垒作用中体现以往信息技术所不能起到的作用。

（二）新媒体的广泛性为宣传群众拓展空间

新媒体打破传统的媒体格局和传播方式、全面进入 Web3.0 时代的同时，新媒体环境下宣传群众工作的本质也应该落脚于如何高效利用新媒体这个中介，结合党性和人民性，更好地讲好中国故事、传播好中国声音，这才是中国共产党作为执政党在新时代宣传群众工作的根本落脚。不同于革命年代对人民群众的号召，"打土豪，分田地，翻身农民闹革命"，也不同于面对经济危机等巨大社会动荡对群众的安抚，其本质是要做到向群众传播中国共产党的运作逻辑、社会主义的历史逻辑和理论逻辑，更好地讲好中国故事、传播好中国声音。

（三）新媒体的互动性为凝聚群众创造条件

凝聚群众就是凝聚人心，凝聚人心的核心要义就是意识形态，而政党是意识形态的载体，任何政党的产生和存在都有自己意识形态的前提。但是，纵观世界政党的发展，大家都不得不承认和接受一个事实，什么事实呢？对政党意识形态的认同，对各种主义的信奉和追随，并不一定随着政党执政实践的延续而得以增强。同时，我们可以看到，新媒体深刻地改变中国共产党的执政生态，有些改变是显性的，容易引发人们的关注，比如网络监督等，而有些改变是隐形的，虽然发生却难以被察觉，比如在凝聚群众中起到重要作用的政党形象。在新媒体平台上，中国共产党的传统形象受到了影响，这也是为什么习近平总书记会提出"三个事关"："能否做好意识形态工作，事关党的前途命运，事关国家长治久安，事关民族凝聚力和向心力。"

（四）新媒体的便捷性为服务群众营造氛围

运用新媒体开展群众工作还是要落实到服务群众上来，实实在在地帮助群众。其中，农民群众是人民群众当中极其重要、关键、扎实的一环。运用新媒体去服务农民群众，根据第 46次《中国互联网络发展状况统计报告》显示，我国农村网民规模为 2.85 亿，也就是说有超过 2.85 亿的农民群众跨进了互联网的大门，同时，互联网在帮助贫困地区脱贫方面发挥了重要作用。所以，通过新媒体服务农村群众既是时代要求，也是内在动力。

三、新媒体时代群众工作的主要挑战

新媒体在组织群众、宣传群众、凝聚群众和服务群众上带来诸多机遇，但是与此同时，我们也要深刻认识到新媒体在时间维度、载体维度和社会维度三个方面极大地改变着群众工作的内涵与外延。第一，新媒体传播的开放性使传统"把关人"失灵，引发"众声喧哗"的乱象，对我们引导舆论带来挑战；第二，新媒体时代加剧了主流媒体舆论场和民间舆论场的摩擦和碰撞，催生"塔西佗陷阱"的舆论怪圈，导致党员干部以管控思维为主导的媒介素养面临"本领恐慌"的挑战；第三，在新媒体时代构建的舆论格局中，传播能量得到空前释放，舆论活跃异常，新媒体传播环境也难以避免负面的、消极的、非理性的舆论存在，极易引发网上群众的非正常心态，并且加速相互感染，产生"蝴蝶效应"。

（一）官方信息权威发布遭到"众声喧哗"的挑战

习近平总书记强调："面对传播快、影响大、覆盖广、社会动员能力强的微客、微信等社交网络和即时通信工具用户的快速增长，如何加强网络法制建设和舆论引导，确保网络信息传播秩序和国家安全、社会稳定，已经成为摆在我们面前的现实突出问题。"首先，什么是"众声喧哗"呢？我们来解释一下。"众声喧哗"是网络政治学的一个概念。顾名思义，"众声"就是大量的声音，而"喧哗"形容声音大而杂乱，"众生喧哗"就是每个人都在发声、每个人声音都不同的混乱场面，比如说"网络水军"等。其次，官方信息权威发布是以什么为信源？答案是以官方组织为信源，也就是我们各级党委政府是信源，通过运用新媒体实现的组织传播行为，具有三个基本特点：第一，传播主体强势；第二，传播过程控制；第三，传播信息权威。官方权威信息发布的初衷和目的在于引导群众，新媒体时代有效引导群众的本质就是引导舆论，引导舆论的核心要义在于理解群众情绪和群众意见，而新媒体平台天生的"众声喧哗"，就给有效引导舆论、疏导群众情绪、排解群众意见带来障碍和困难，使得传统"把关人"失灵。

（二）党员干部媒介素养遭到"本领恐慌"的挑战

习近平总书记指出："很多人特别是年轻人基本不看主流媒体，大部分信息都从网上获取。必须正视这个事实，加大力量投入，尽快掌握这个舆论战场上的主动权，不能被边缘化了。要解决好'本领恐慌'的问题，真正成为运用现代传媒新手段新方法的行家里手。"我们回过头看种种危机和挑战，其中很多负面事件之所以演变为危机，其中一个重要因素在于应对方处理不当，从而致使本可以偃旗息鼓的小事情，加速发酵成了引发社会全员关注的大矛盾。在此过程中，党员干部的媒介素养扮演了一个非常重要的角色，纵观近年来的各种失当行为，大致可以归纳为以下五种：消极回避型、被动应付型、乱中出错型、故作强势型、僵滞守旧型。

四、新媒体时代群众工作的现实启示

最后一部分，我们就运用新媒体开展群众工作的现实启示进行一个探讨。群众工作说小一点是各类民生工作、各项具体事务，说大一点事关党的形象和整个执政基础。

（一）自觉运用新媒体把握社情民意

习近平总书记在党的新闻舆论工作座谈会上强调："领导干部要增强同媒体打交道的能力，善于运用媒体宣讲政策主张、了解社情民意、发现矛盾问题、引导社会情绪、动员人民群众、推动实际工作。"社情民意，是我们广大人民群众的真实意愿、想法、希望、建议、意见等。搜集和把握社情民意，是各级党组织和领导干部开展群众工作的基础，是科学决策的重要依据，是检验决策民主性、科学性、可行性的重要因素。新媒体时代，只有通过新媒体了解清楚社情民意、发现矛盾问题、引导社会情绪、动员人民群众，才能推动实际工作的开展。

（二）自觉运用新媒体树立政党形象

美国历史上的第一位黑人总统奥巴马是一个善于利用新媒体打造自我形象的高手。早在 2012 年，奥巴马谋求连任的时候，他的竞选团队就在各大新媒体平台上投放了一个不到两分钟的视频，而在这支视频里，奥巴马本人并未出面，却紧紧抓住了选民心理，其原因在于奥巴马及其竞选团队凭借视频中五个普通民众之口，充分体现了抓住关键地区、抓住少数族裔、抓住女性选民这几个重大议题，进而塑造出良好的、正面的总统形象，甚至有人评论说，如果没有新媒体，奥巴马可能根本不能当选总统，更不可能谋求连任。

就我们自己而言，也应该高度重视通过新媒体，塑造好"中国共产党"这个品牌，不仅可以让我们的群众更加了解中国共产党这个品牌，也让我们这个品牌在海外得到更多的了解和理解。非常欣喜的是，我们在这方面已经做了很多探索，比如在美国探索频道播放的《习近平治国方略：中国这五年》、投放在各大新媒体平台上的《国家领导人是如何炼成的》动画短片、中国共产党英文宣传短片等。

（三）自觉运用新媒体进行舆论引导

习近平总书记指出："做好舆论引导工作，关系道路和方向，关系人心和士气，关系中心和大局，是新闻宣传工作的重中之重，是意识形态工作的重要内容。"习近平总书记的重要论述为党员干部提升舆论引导能力坚定了信心、指明了方向。把握好网上舆论引导，使网络空间"清朗"起来，体现了党中央铁腕深化改革的意志，显示出在加大力度监管网络空间、维护国家安全利益、深入开展新媒体环境下群众工作的决心。搜集和处理舆情民意信息，针对这些信息不断完善执政方式和方法，引导人民群众向正面、积极方向思考，提高广大党员干部舆论引导能力和媒体素养，是当下开展群众工作我们党所必须面对的重大课题，也是新媒体环境下对党员干部的能力的新要求。随着新媒体对社会舆论的影响作用越来越大，广大党员干部要牢牢抓住新媒体领域舆论阵地，维护我国国家稳定和安全，努力宣传党的方针和政策，党员干部要时刻注意正确引导新媒体。

（四）自觉运用新媒体厚植执政基础

政党执政的基础，就是看人民群众满意不满意、拥护不拥护、赞成不赞成。毛泽东在《关心群众生活，注意工作方法》这篇小文章当中事无巨细地对群众生活的方方面面进行了考虑和安排，从土地劳动的问题、柴米油盐的问题，到生疮害病的问题，甚至到妇女群众学习犁耙、小孩要求读书、木桥太小会跌倒行人等问题，毛泽东都列了出来，并认为一切这些群众生活上的问题，都应该把它提到自己的议事日程上讨论、决定、实行、检查，要使广大群众认识到中国共产党是代表他们的利益的，是和他们呼吸相通的，充分体现出以毛泽东为代表的共产党人时时刻刻把群众冷暖放在心上，认为"群众利益无小事"，努力为群众诚心诚意办实事、尽心竭力解难事、坚持不懈做好事，想群众所想、急群众所急、办群众所需。

五、总结

新媒体环境下党的群众工作一方面是对我们党的宗旨的弘扬、继承和发展，另一方面，是在新时代新形势新实践中，对网络群众路线、网上群众工作予以内涵与外延的创立和培育。解放思想、实事求是、与时俱进，既不否认群众工作的历史传统，也不排斥技术革命的时代格局，用习近平新时代中国特色社会主义思想武装头脑、指导实践，做到"与党和人民同呼吸，与时代共进步"。

推荐阅读书目：

1. 习近平 . 论党的宣传思想工作［M］. 北京：中央文献出版社，2020.

摘要：习近平围绕党的宣传思想工作提出的一系列新思想新观点新论断，为做好新时代党的宣传思想工作提供了根本遵循。

2. 古斯塔夫·勒庞 . 乌合之众［M］. 冯克利，译 . 北京：中央编译出版社，2014.

摘要：勒庞极为精致地描述了群体心态，对人们理解群体行为的作用以及对社会心理学的思考产生了巨大影响。

备课参考书目：

1. 习近平 . 决胜全面建成小康社会夺取新时代中国特色社会主义伟大胜利［M］. 北京：人民出版社，2017.

2. 白文刚 . 中国古代政治传播研究［M］. 北京：中国社会科学出版社，2014.

3. 苏颖 . 作为国家与社会沟通方式的政治传播［M］. 北京：中国社会科学出版社，2016.

4. 刘红凛 . 信息化时代的政党重塑与党的建设［M］. 北京：人民出版社，2019.

5. 范敬宜，李彬 . 马克思主义新闻观十五讲［M］. 北京：清华大学出版社，2007.

附录 2

加强干部专业训练的系列
现场教学基地

现场教学基地是干部教育培训的第二课堂，是理论与实践结合的重要平台，对提升干部能力素质发挥着越来越重要的作用。我市的现场教学基地不仅内容丰富、形式多样，而且主题突出、特色鲜明、体验性强，已经成为宣传地方形象、展示工作亮点、彰显培训特色、促进教学互动的重要窗口与载体。通过多年努力，我市建设形成了"3+40+200"现场教学基地体系，即 3 个省部级基地、40 个市级现场教学基地、200 个区县现场教学基地。在此，我们收录了江北区江北嘴金融服务集聚示范区、南岸区物联网产业发展与智慧城市建设、綦江区乡村振兴示范建设实践、秀山县农村电商发展实践 4 个具有代表性的现场教学基地，介绍了各基地的基本情况、主要做法和建设成效，供大家学习交流。

江北区江北嘴金融服务集聚示范区现场教学基地

一、基地概况

江北嘴金融服务集聚示范区现场教学基地位于重庆江北嘴

金融核心区。江北嘴金融核心区分为江北城、溉澜溪、寸滩三个片区，占地 5.3 平方千米，规划建筑面积 1 193 万平方米，是中新（重庆）战略性互联互通示范项目的重要承载地，也是中国（重庆）自由贸易试验区的重要组成部分。江北嘴金融核心区紧紧围绕打造内陆国际金融中心核心区这一任务，加快建设全市"两高"示范区，全面融入、积极助推成渝地区双城经济圈建设，努力开创江北嘴经济社会发展新局面。2018 年 1 月，江北嘴金融服务集聚示范区入选重庆市第一批战略性新兴服务业集聚示范区。截至 2020 年年末，江北嘴金融核心区拥有各类注册企业及其他社会单位 4 000 余家，其中金融企业 302 家，涵盖信托、小贷、保理、金融租赁或融资租赁、汽车金融等 16 种门类，形成了较为完善的金融市场体系，区域影响力、辐射力日益增强。江北嘴金融核心区已逐步形成以金融业为核心产业，

长安汽车金融教学点

以专业服务业、文化旅游业、现代商贸业为支撑产业，以信息服务业、战略性新兴产业为补充的产业新格局。

二、主要做法

一是教学内容丰富。创建之初，江北嘴金融服务集聚示范区现场教学基地围绕传统金融业态如何服务经济社会高质量发展、新金融业态如何服务消费结构转型升级、结算类公司如何助推功能性金融中心建设等问题，精选了中信银行重庆分行、长安汽车金融有限公司、伟仕佳杰控股有限公司（重庆）等 4个不同业态具有代表性的企业和江北嘴管委办作为现场教学点。现场教学中，针对江北嘴金融核心区入驻的金融企业类型众多、规模各异的情况，结合经济社会发展实际，增加了美集物流、立鼎科技等具有代表性的现场教学点，不断丰富教学内容，从总体上有效提升学员对金融工作的了解和对建设金融集聚区的认识，为大家提供一个可借鉴、可参考的交流平台。

二是教学方式多样。坚持在教材讲义、教学流程、师资配备等方面狠下功夫，力求为教学基地提供全面的技术支持和软件保障，精心打造"6个一"教学体系（一套教学方案、一本专题教材、一个教学 PPT、一本宣传资料、一部宣传教育片、一支专业师资队伍），为广大学员提供一个全方位、多角度学习了解江北嘴金融服务集聚示范区的渠道。同时，根据培训班次的不同需求，坚持问题导向，采用领导示范介绍、专职讲解、召开座谈会、现场交流、深入企业调研等多种形式开展现场教学，促使学员了解金融机构市场体系和金融生态建设，提高引导金融机构服务实体经济和支持经济转型的能力，提升教学的实际效果。

交通银行重庆市分行教学点现场教学

　　三是组织保障有力。江北嘴金融服务集聚示范区现场教学基地由江北区委组织部统筹管理，江北区委党校负责安排教学计划和指导教学工作，江北嘴管委办负责开展具体教学任务。教学基地以"教学相长"为根本，坚持把"引领专业化发展"作为基地队伍建设的第一要务。该基地的教学队伍包括江北区委党校、江北嘴管委办的相关负责同志，以及区域内具有代表性的企业负责人17人，能够让学员更加直观地了解金融方面的基础知识。江北区委组织部和江北区委党校安排专项资金，为现场教学基地建设运行提供保障和支持，确保教学基地设备齐全、运行良好。为更好开展现场教学工作，江北区委组织部定期牵头召开现场教学基地建设培训会，还专门组织江北区委党校、教学基地及各教学点负责人员赴南岸区物联网产业发展与智慧城市建设现场教学基地等，进行现场观摩学习，学习其他基地的教学方法、培训模式、课程设计、讲授技巧等相关内容。

立鼎科技教学点现场教学

三、建设成效

江北嘴金融服务集聚示范区现场教学基地自 2018 年成功创建市级现场教学基地以来，重点围绕推进重庆现代金融服务集聚示范区建设与创新发展开展教学，不断探索和总结江北在建设金融服务集聚示范区过程中的经验做法，为各地各级干部培养提升金融工作能力和水平提供可参考、可借鉴的交流平台，启迪学员进一步探索和研究金融集聚区建设的方法和路径，为推进重庆现代金融集聚区建设提供对策建议。

截至 2020 年 6 月，该基地接待商务考察、政务考察共计 200 余批、3 000 余人次，承接包括老挝干部考察团在内的国内外、市内外各级各类主体教学班现场教学近 30 次，培训干部 1 500 余人，帮助学员了解了现代金融服务业发展的前沿态势，开阔了眼界视野，丰富了知识阅历，增强了信心、决心，在加强干部专业训练中发挥了示范作用，受到老师和学员的一致好评。

南岸区物联网产业发展与智慧城市建设现场教学基地

一、基地概况

2010 年以来，南岸区将物联网产业作为经济结构调整、产业转型升级的重要抓手，大力推进国家级物联网产业示范基地和智慧城市建设，逐渐成为重庆市发展电子信息产业的一块热土。南岸区委党校瞄准物联网产业发展的大趋势和南岸发展电子信息产业的区位优势，主动思考把物联网产业发展作为干部教育培训的主要内容。2013 年 2 月，南岸区委党校结合南岸区"一大二特"重点工作实际，将物联网产业示范基地确定为干部教育培训的现场教学基地。2013 年 4 月南岸区智慧城市体验中心落成，围绕中移物联网展厅、智慧城市体验中心、慧居智能产品生产应用开展现场教学，年底现场教学基地正式成型。此后，南岸区不断挖掘现场教学点，形成了具有 10 余个教学点的现场教学基地。2014 年 7 月该基地被命名为第二批现场教学基地之一。

中国智谷（重庆）科技园

二、主要做法

一是整合联动资源，不断丰富教学内容。依托南岸区电子政务中心，联动了 4 个政府部门和 10 余家企事业单位，用责任书明确工作内容和职责，定期召开现场教学基地教学工作会，对优质的现场教学点进行表彰奖励，淘汰效果较差的教学点，并对现场讲解人员进行不定期考核。逐步探索和完善现场教学管理办法，由 5 名教师组成现场教学课题组开展教学研究，确定 2 名联络人员分别负责对外联系和对内协调，确定 2 名教师以 AB 角形式组织教学。同时，及时更新升级教学内容和授课流程，对教学讲稿、流程、方案等进行精细打磨，并且围绕现场教学这一专题形成了多篇高质量的资政报告。

二是明确教学重点，不断优化教学设计。针对学员多为党政领导干部的情况，在流程设计上突出了政府引导产业发展、政府应用科技手段加强行政执法、政府应用智慧技术创新基层治理等主题，精心设计出以物联网产业为支撑的政府管理创新、电子商务运用、智能家居孵化、城市创新发展、智慧城市前景等 7 个不同类型的教学流程，从而形成各具特色、适应不同干部培训需求的现场教学流程体系。同时，进一步打造精品教案、规范讲解文案、编写《物联网智慧城市建设干部培训现场教学》教材、培训讲解人员、夯实现场教学理论基础，确保现场教学内容紧跟时代发展。

三是突出体验特色，不断彰显教学效果。突出"充分体验才能深刻思考"这一培训理念，在不同的教学点，学员们不但可以通过扫描二维码获得除现场讲解外更翔实的图文资料，还可以亲身体验智能医疗、智慧监管、无人超市等物联网科学技

学员现场体验车联网技术

术，还可以实时查看和参与城市单兵执法、现场演绎 4D 取物、推演想象情景下的智能家居运用等场景。随着阿里云"飞象"、中国信息通信研究院西部分院、"中科创大"等一大批高智能现场教学基地的全面投入使用，"体验""参与"等教学方式的深度运用有力地推动了教学效果的全面提升。

三、建设成效

南岸区物联网产业发展与智慧城市建设现场教学基地始终在理念上求新、流程上求精、细节上求严、效果上求实，树立了"有看头、有学头、有想头"，最终有收获的现场教学口碑。该基地不仅承接了市内重点培训班次的现场教学，还承担了越南、老挝、俄罗斯等国外高端培训班次的学习考察。由于教学效果良好，该基地获得了中共中央对外联络部领导的充分肯定，也赢得了培训学员的广泛赞誉。现场教学场次和培训人数逐年增加，在教学基地使用频度、企业响应度、部门配合度、学员满意度等方面取得了较好效果，在加强干部物联网产业发展与智慧城市建设专业训练方面发挥了积极作用，取得了良好反响。近两年，基地项目组还组织编写《物联网智慧城市建设干部培训现场教学》一书，已由国家一级出版社——西南师范大学出版社公开出版发行。近两年来，该现场教学基地承接了上海、天津、海南、西藏等市外班次 42 个，受训人次达 1 800 多名，有力地将基地的影响扩展至市外乃至国外。

学员赴华为北京研究所参观学习

綦江区乡村振兴示范建设实践现场教学基地

一、基地概况

綦江区乡村振兴示范建设实践现场教学基地位于綦江区永城镇，永城镇辖区面积 61.98 平方千米，人口 2.3 万人。永城镇被列为綦江区两个乡村振兴示范镇之一，永城镇中华村被列为全区 5 个乡村振兴综合试点示范村之一。通过合理规划、科学布局、大力招商、整合资源、完善设施、培育景点等系列做法，永城镇正着力打造乡村旅游特色镇、现代农业示范镇和乡村振兴示范镇。目前，永城镇的农业产业已粗具规模，有"农博园""凤冠橘""凤冠葡萄""三杨桃""三红柚""顺尧草莓""中华锦鲤"等多个特色农业品牌。该基地的主要教学点为连线的中华村和复兴村,中华村先后荣获"重庆市十强特色微企村""最美乡村旅游度假村""全国文明村""全国最美乡村""全国美丽宜居村庄示范"等称号。复兴村的重庆农博园是农教结合的新型农业基地。通过现场观摩、参与体验、实证分析,学员真切地感受到了綦江区在推进乡村发展建设过程中的生动实践和鲜活经验,启迪学员进一步探索研究乡村振兴的路径和模式,为全市实施乡村振兴战略提供对策。

綦江区永城镇中华村

二、主要做法

一是教学主题体现鲜明。该基地着眼于红色文化、人文历史及产业发展一体优势,围绕"五个振兴"教学主题,通过合理规划、科学布局、整合资源、完善设施等做法,形成以红色革命教育、传统文化教育以及新型农业体验教育 3 个教学专题,让学员真正感受到綦江区在推进乡村发展建设过程中的生动实践和鲜活经验。

二是学习方式更趋多元。该基地从文档、图片、声像等基础资料入手，围绕"听、看、问、思、说"，设计"课前预热＋现场讲解＋实地走访＋参观体验＋学员座谈"五大教学环节，明确教学目的、教学时间、教学内容及教学要求，切实优化教师讲解、实地观摩、学员座谈等流程，学习方式更为灵活高效。

"乡村振兴"现场教学交流会

三是内容设置力求精准。突出红色革命教育、传统文化教育这一主线，立足"产业兴旺、生态宜居、乡风文明、治理有效、生活富裕"这一主题，针对不同层次、类别的培训对象，围绕五大教学环节，分类设计个性化教学方案。调整新增中华村集体经济园现场教学点，开展王良故居二期拓展建设等工作，

重庆农博园

确保现场教学实效。

三、建设成效

按照陈敏尔书记的指示要求，綦江区乡村振兴示范建设实践现场教学基地近年来始终立足于乡村振兴实践教学需要，整合永城镇丰富的红色资源、悠久的人文历史和乡村振兴的实践经验，积极打造王良故居、中华村、中华村集体经济园三个教学组团于一体的教学实践平台，推广綦江区乡村振兴的路径探索、经验方法和示范案例，在加强党员干部专业训练方面发挥了积极作用。该基地先后接待了 3 位副国级领导、8 位部级领导、103 位厅级干部和 224 个地县乡镇考察团，接待各类群体 1 782 批次、3 万余人次，教学影响力逐步提升。

秀山县农村电商发展实践现场教学基地

一、基地概况

　　秀山县充分利用地理区位、农副产品资源丰富等优势，树立互联网发展思维，借力"网络快车"发展农村电商，解决农产品"卖难买贵"问题，拓宽农民致富增收的路子，形成了独具特色的创新模式，成为重庆农村电商助推精准扶贫的优秀"范本"。秀山县坚持将国家政策和因地制宜相结合，利用地缘优势，抓住"互联网+"发展机遇，以创新为主要驱动，采取"支

秀山武陵山消费扶贫馆

持主体培育""支持技术创新""支持品牌建设""支持业务拓展"四项措施，依托秀山（武陵）现代物流园区，助推百亿元级农村电商产业发展。构建起电商物流、农产品上行、人才培养、电商服务和电商平台"五大体系"；畅通县乡村三级电商服务通道，解决工业品下乡"最后一公里"和农产品进城"最初一公里"问题，助推精准脱贫，逐步形成以线上"村头"、线下武陵生活馆为特色的"互联网 + 三农"的电商发展模式。2017 年，秀山被评为全国电子商务进农村综合示范县，中国电子商务协会首次将秀山"互联网 + 三农"模式列为全国农村电商十大模式之一。

二、主要做法

秀山县委党校认真总结提炼"互联网 + 三农"模式助推脱贫攻坚的经验与做法，充分发挥"一脚踏三省"的地缘优势，积极整合、共享与毗邻区县的干部培训资源，不断丰富秀山农村电商发展实践现场教学基地的内涵与外延。秀山县委党校根据农村电商发展实践现场教学基地的特点，创新现场教学方法，通过组织学员实地参观和现场讲解，解答农村电商是什么、如何做农村电商、物流对农村电商的作用、土货如何卖出去和怎样成为新农人等问题。根据培训班次的不同需求，采用领导示范介绍、专职讲解、现场交流、与新农人互动等多种形式开展教学，让学员了解秀山经济社会发展的实际和农村电商在产业结构调整、统筹城乡发展、精准脱贫攻坚等方面的重要作用。按照农村电商关键是要扎根农村服务"三农"的发展思路，建立线上"村头"、线下武陵生活馆、五大体系为支撑的独具特色的"互联网＋三农"农村电商发展模式。该基地通过现场察看、产业分解、实证分析等方式，启迪学员深入研究农村电商发展的路径和模式，思考推动农业供给侧结构性改革、加快"三农"发展、促进农村电商转型升级、推进多产业融合的"系统性解决方案"，进而提升领导干部分析问题、解决问题的能力。

秀山农村电商大数据平台

三、建设成效

该基地自授牌以来，通过现场教学及赴县外授课等方式，累计为学员成功对接电商扶贫项目9个，通过电商平台卖出的农特产品价值12亿元，电商产业链覆盖全县近80%贫困户，培养农村电商从业人员1.7万人，带动1万余户贫困户精准稳定脱贫，真正把现场教学成效转换成扶贫扶智成果。该基地累计培训本地主体班现场教学 43 期，承接异地教学班 51 期，累计培训学员近 4 500 人，成功举办农村电商发展实践现场教学基地观摩会暨农村电商·精准脱贫论坛。农村电商发展模式以及取得的收益惊艳众人、深入人心，为各级领导干部特别是基层干部发展农村电商提供了参照，增强了动力，是一堂生动的专业实践培训课。

秀山农村电商品牌建设

后 记

为帮助广大干部深入学习贯彻习近平新时代中国特色社会主义思想，加强思想淬炼、政治历练、实践锻炼、专业训练，中共重庆市委党校（重庆行政学院）组织编写了"高素质专业化干部队伍建设丛书"。

《高素质专业化干部队伍建设之四——专业训练》一书的编写工作由尹博主持，陈廷平组织执行，李京蔓统筹协调编写事宜。该书各部分主要参与人员为：总序张志勇和黄建跃，第一章杨潇，第二章李文豪，第三章张玄益，第四章龙登杰，前四章统稿为方旭，第五章及附录统稿为张述龙、晏礼堂。本书在编写过程中，得到了重庆市相关部门和区县党校的大力支持，得到了许多领导、专家的关心指导和积极帮助，在此，谨对所有给予本书帮助支持的单位和个人表示衷心感谢。

编写组同志满怀热情，以高度的责任感、使命感从事编写工作，但由于水平有限，书中难免有疏漏和不足之处，敬请广大读者对本书提出宝贵意见。

编　者

2021 年 2 月